あなたの未来を書きかえる究極の裏ワザ!!

こっそり妄想神社にお参りしなさい

お金 恋愛 幸せ 成功 を引き寄せる

波木星龍

あなたの未来を書きかえる究極の裏ワザ!!

こっそり

妄想神社にお参りしなさい

お金 恋愛 幸せ 成功 を引き寄せる

波木星龍

目次

第一章

なぜ、あなたの願望は叶わないのか

——すべてのスタートラインはここにある——

必死に努力しすぎると願望は叶わない

この本を手にとられたあなたは、これまでに願望を叶えようと努力したことがあるでしょうか？

そして、その願望を叶えることができましたか？

答えはいろいろに分かれると思います。

胸のなかで抱いた願望を、比較的簡単に叶えた経験がある方……多分、あなたは**幸運な人生**をあゆむ素質をもっています。

次に、これまでいくつも願望を抱いてきたけど、叶った願望もあるが、叶わなかった願望のほうが多い方……そういう方にぜひ読んでいただきたいのが本書です。

それから自分が抱いた願望など、一度も叶ったことがないという方、もしかしてあなたは人一倍**大きな願望**を抱いていませんか。

ささやかな願望なのに叶っていないという方、それはもしかしたら**願い方**に問題があるのかもしれません。

あるいはもともと**不運になりやすい生き方**をされているのかもしれません。そんな方もこの本を読み進めるうちに、あなたの願い方や生き方のどこがいけなかったのかがわかってくるでしょう。

そして大きな願望を抱いている方。**まだあきらめる必要はありません**。これから願いを叶えていけばよいからです。どうすれば叶うのかは、読み進めるうちに徐々にわかってくるでしょう。

大きな願望を抱いている人には、二つのタイプがあります。

野望型とコツコツ型です。野望型は日頃から大きなことを口にします。「俺は社長になる」「私は玉の輿に乗る」「必ず大スターになる」などと放言します。

コツコツ型は真面目で努力家です。このタイプの人は願望を胸に秘めている場合が多いのですが、その願望にむかって、必死に努力を続けています。

ふつうに考えるとコツコツ型のほうが報われるような気がしますが、現実は必ずしもそうではありません。

大きな願望を達成できるのは、ほとんどが野望型なのです。

コツコツと必死に努力を続けている人の願望が叶わないのはおかしいと思うかもしれません。けれども、あなたのまわりを見てください。

必死で頑張っている人が願望を叶えているでしょうか。成功をつかんでいるでしょうか。そうではないことの方がはるかに多いはずです。

まわりに気をつかいすぎると願望は叶わない

なぜコツコツ型の人たちは、必死に努力するのでしょう。

それは今のままでは自分の願望を叶えられそうもないと感じているからです。

つまり、世の中が甘くないことを体験的に知っているからです。

それでは野望型の人たちは、なぜ必死に努力しようとしないのでしょう。

それは必死に努力しただけでは願望が実現できないことを本能的に感じとっているからです。

そして、もう一つ、人前で願望を口にすることで、自分に対して無意識に暗示をかけようとしているからです。そのほうが願望が叶いやすいことを、彼らは本能的に気づいているのです。

コツコツ型が、人前で願望を口にすることが少ないのは、周囲の人たちに「傲慢な奴」と思われたくないとか、「叶わなかったら恥をかく」とか、「嫌われたらどうしよう」とか、余計なことを考えすぎてしまうからです。

そこには多くの場合、対応している相手や周囲に対しての気づかいが含まれています。この気づかいが実はくせものなのです。

願望の実現という観点からすると、**気づかいはマイナス**でしかありません。周囲を気づかうということは、潜在意識において、自分だけが願望を叶えてしまうこと、自分だけが成功することを、他人との協調性に欠く行為と感じている部分があるからです。だから、口にだせないのです。

そのかわり「必死に努力する」わけです。努力が報われたのであればまわりも納得するだろうというわけです。

けれどもまた一方で、努力すればするほど、まわりの人たちから浮いてしまうのではという感情も芽生えてきます。

そして潜在的に「自分だけが願望を実現してしまう」ことに対する不安が強くなり、その願望を実現させまいと無意識の力が働いてしまいます。だから努力しているのに、それに見合う力を発揮できないのです。

自分では意識しなくても潜在意識において負のメカニズムが働いてしまっていると言っていいでしょう。

おなじ理屈で周囲に対して気をつかいすぎる人は、日頃から試験や本番に弱く、十分に実力を発揮できないことが多いのです。

心当たりのある方は、そういう自分の生き方を少しずつ変えていくように意識するとよいでしょう。

理屈で考えすぎると願望は叶わない

世の中には、何に対してもきちんとした理由づけがなければ我慢のならない人たちがいます。

本書で紹介する願望実現のプロセスに対しても、理論的な根拠がなければ信じないという人が必ずいます。

本書の技法は脳科学などで理論武装しているわけではありません。むしろ、そういう観点からすれば「非科学的」で「妖しい呪術」に似た要素の方が強いといえるでしょう。

しかし現実には、世の中というのは、理屈どおりにいかないことのオンパレードです。

理屈どおりでなければ信じないというのであれば、日頃から健康に気を配って生活している人たちは、みんな病気知らずの晩年をすごし、長寿のはずです。不摂生ばかりしている人は、あちこちに故障がおこって病院通いをしているはずです。

ところが実際には、日頃から健康に気をくばって生きているにもかかわらず、病気がちな人、持病もちの人、怪我をしやすい人、早くに亡くなってしまう人がたくさんいます。

逆に、日頃から無茶をして、好き勝手に生きているのに、病気知らずの人、いつまでも若々しい人、驚くほどタフネスな人たちがいます。少しも身体を気づかってないのに、健康で長寿なのです。

要するに、**世の中は「理屈通りにはいかない」**ということです。だから、人生に対して理屈で考えすぎる人は、願望を実現しにくい傾向があります。

たとえば、あなたが「大富豪になりたい」と思ったとします。そして、あなたが今、35歳の独身男性で、特別な学歴とか、資格とか、技術とかを持たないＩＴ企業の派遣社員だとします。

ここで理屈型の人は、どうすれば大富豪に近づけるか、現実的にきちんと理屈立てて考えようとします。

もし、現在のまま勤め続けた場合はどうか、辞めて転職した場合はどうか、仕事とはべつに投資やギャンブルなどで大金を稼ぐ方法はないかなど、さまざまな方法を考えます。

現在のまま勤め続けても、大富豪になれないのは明らかです。そうかといって、この条件で今から別の職場に勤めたとしても、よほどの幸運に恵まれなければ成功できません。投資やギャンブルによる一獲千金も、うまくいく確率が低すぎます。

こうして冷静に考えたあげく、理屈型の人は「大富豪になりたい」というのは現実性のない夢だと判断します。彼らは、ここで諦めてしまうのです。

一見正しい考え方のようですが、ちょっと待ってください。同じような環境にありながら、大富豪になった人はたくさんいるのです。

過去にこだわりすぎると願望は叶わない

過去へのこだわりが強すぎる人も、願望を実現しにくい傾向があります。

なぜなら過去へは戻れないからです。戻れないところへ行こうとする人が歩む道に本当の未来はありません。**過去を引きずった未来**があるだけです。

こだわりは執着と同義語です。

過去のすべてを引きずっていなくても、自らの過去の重要な部分、あるいは象徴的な部分を引きずり続けている人が大勢います。それが「こだわる」ということです。

願望というものは、どんな願望であれ、未来において実現されるものです。したがって、過去を引きずった状態、過去に執着した状態で願望を叶えることは、きわめて難しいのです。

過去へのこだわりが強すぎる人には二つのタイプがあります。

ひとつは、「過去のトラウマ」にこだわっている人です。

たとえば、恋人からDVを受けたことがあって、積極的に恋愛ができない人がいます。それでも「幸せな結婚をしたい」という願望はもっています。しかし過去の記憶とトラウマが無意識に相手を拒絶してしまうのです。

この場合、まずは、その記憶を「過去の部屋」に封印する必要があります。でないと幸せな結婚をしたいという願望が叶わなくなってしまいます。

もう一つは「過去の栄光」にこだわる人です。たとえば、仕事で成功した過去があって、その時のことが忘れられず、そこに帰りたがるといったケースです。けれども現実には失職中で「再就職して働きたい」という切実な願望があります。その願望は本来、けっして不可能なことではありません。しかしそこに過去の栄光を重ね合わせてしまうと、とたんに再就職が難しくなります。

なぜなら、その栄光のあとに何かがあって失職中の現在があるからです。

したがって、ここでも栄光の記憶を「過去の部屋」に封印しないと、再就職が難しくなり、仮に願いが叶っても、長続きするのが難しくなってしまいます。

このように、過去にこだわると、新たな未来を創造することが難しくなります。現在につづく未来に対し、過去が邪魔をするのです。

また願望の実現には、リラックスした状態で未来を思い描く作業が欠かせません。しかし過去への強いこだわりは緊張感を生み、未来を思い描く作業の邪魔をしてしまいがちです。

つまり、**過去は過去として「過去の領域」に封印できる人だけが、願望を実現できる**のです。

常識にとらわれすぎると願望は叶わない

私たちはふだん常識という枠のなかで生活しています。常識からはずれると、社会生活が難しくなってしまうためです。

たとえば、街中を裸で歩いたとします。当然、好奇や批難の眼が向けられます。警察に通報され、逮捕される場合もあるでしょう。それは公共の秩序に反する行為であると誰もが認識しているからです。

このような認識、つまり常識は、学校で教えられた知識というよりも、いつのまにか身につけてきた生活上の知恵です。

しかしよく考えれば、裸で外を走りまわる子どもがいても、誰もそれほど厳しく注意しません。なぜなら、子どもが常識からはみだした存在だからです。「子どもだから仕方ない」という共通認識で、大目にみてもらえるわけです。

面白い現象があります。特別な修行やトレーニングを受けたわけでもないのに、霊能力や超能力といった常識をこえた能力をもつ子どもたちが、ときどき出現します。

今から半世紀近く前の一九七〇年代、子供たちのあいだでスプーン曲げが流行したことがあります。

また「霊が見える」という子どもたちもいます。あるいは「前世を知っている」「死ぬ人がわかる」「病気の箇所がわかる」「動物と話が出来る」など、さまざまな事例があります。

しかし、そういった子どもたちの多くが大人になるにつれ、つまり常識が身につくにつれ、特殊な能力を失っていきます。

「願望を叶える」という能力も、考えようによっては常識をこえた特殊な能力です。

ですから、もし本当に願望を叶えたければ、常識にとらわれすぎるのは考えものと言えるでしょう。

常識の枠にとらわれ過ぎると、その願望自体に足枷をはめることになり、おのずと実現できないように自分の行動を無意識にコントロールしてしまうことになりがちです。

最初から「無理だ」と常識で決めつけてはいけません。それでは第一歩を踏み出す前にギブ・アップしているようなものです。

大人の社会では常識がなければ生きていけません。しかし常識に固執しすぎると本来もっていた能力を失ったり、願望を叶えられなくなってしまうのです。

小さな願望で練習しないと大きな願望は叶わない

願望には、大きく分けて人生上の「大きな願望」と、日常生活レベルの「小さな願望」とがあります。

これまで「願望が叶ったことがない」という方の願望は、たいていは人生にかかわる大きな願望をさしています。

たとえば「仕事で大成功したい」とか「玉の輿に乗りたい」とか「大金持ちになりたい」といった願望です。

それに対し、これまで願望が叶ったこともあれば、叶わなかったこともあるという方は、日常生活において比較的、小さな願望をくりかえし願っている場合が多いようです。

そういう方が「素敵な人と結婚をする」という大きな願望を抱いたとします。

そこに素敵な人が現れれば当然「あの人とつきあえますように」と願ったり、神仏に祈ることでしょう。

しかし相手が既婚者であったり、すでに恋人がいることが判明すれば、その時点でさっと諦めます。一途に追い求めたりせず、気分を変えて飲み会やパーティーなどにでかけ、新たに出会える素敵な相手を探そうとします。

執着を捨て、自分が苦しまなくてよい相手を求めることで、本来の大きな願望である「素敵な人と結婚をする」という設定はそのままに、より現実的な出逢いへと切り替えられるのです。

こういうちょっとしたことが、願望の実現にはとても重要です。

願望というものは、生活に密着した日常的なことであればあるほど、また具体的な内容であればあるほど叶いやすいようにできています。

一方で「幸せになる」というような抽象的で曖昧な願望は叶いにくいものです。

したがって、**やや抽象的な大きな願望を持っている人は、出来るだけ日常的な**

事柄、具体的な事柄に切り替え、それを積み重ねながら、最終的に大きな願望にたどり着くように心がけるのがよいでしょう。

たとえば、漠然と「大金持ちになる」という願望を抱いても、そこには大金持ちになっていくプロセスが欠けています。

先の例でいえば、ＩＴ企業の派遣社員である35歳独身男性が大金持ちになるという願望を抱いているとします。

理屈や常識で「無理だ」と諦めてしまうのは、人生という舞台ではじめから試合を放棄するようなものです。スタート地点にも立たないで試合を諦める必要はありません。

しかしながら、やみくもに大金持ちになることを願っても、そこにはプロセスがありません。

人生はドラマのように中間部分を省くことができません。かならず具体的な出来事の積み重ねによって願望にたどりつくのです。

ですから、まずは副業としてネットショップを起業するとか、ひそかにアルバイトをはじめるなど、実際にもう一つの仕事や収入源を確保しながら、徐々に自分が大金持ちに向かっていくイメージを具体的に映像化していくとよいでしょう。

願望を叶えるための六禁行為

◆必死に努力しすぎるな！
◆まわりに気をつかいすぎるな！
◆理屈で考えすぎるな！
◆過去にこだわりすぎるな！
◆常識にとらわれすぎるな！
◆いきなり大きな願望から始めるな！

第二章

妄想神社ってどんなところ?

――願望を持っている人だけに開かれた扉――

心の奥底に潜む秘密の神社

この本は、願望を持っている方を対象に、それを確実に叶えるとっておきの秘密の方法を教えるために書かれました。

日本にはさまざまな神社がありますが、これからご案内するのは、あなただけのとっておきの神社です。

それは、どんな願望でも叶えてくれる秘密の神社ですが、地上の神社ではありません。

あなたの心の奥深くにある神社です。

私はこの神社を「妄想神社」と呼んでいます。

そんな怪しげな話？　と不審に思われる方もおられると思います。

それは当然です。こんな話をいきなり信じる人はいませんよね。

半信半疑でけっこうです。

でも、ふつうの神社にお参りするときだって、ほとんどの方が半信半疑ではないでしょうか？

「なんだかよくわからないけれど、みんなが御利益あると言ってるから、なんかいいことあるんじゃないだろうか。まあ、お賽銭あげるだけで願いが叶えばもうけものだし」

そういう心持ちでお参りする方がほとんどだと思います。

妄想神社もそういう心持ちでお参りして頂いてけっこうです。

しかも、ふつうの神社にお参りするのとちがって、妄想神社に行くのに交通費もかかりません。お賽銭もいりません。

服装も整える必要ありません。寝たままでも参拝できます。所要時間は一日、五分ないし十分。

それでいて御利益はオールマイティ。
つまり「ノーリスク、ハイリターン」の霊験あらたかな神社です。

どうです。こんないい話はないと思いませんか？
宗教は関係ありません。キリスト教の方でも仏教の方でも無神論の方でもけっこうです。

しかし、「それはわかった。そんなにコスパのいい神社なら参拝してもいい」と言う方でも、本当にそんな神社が存在するのだろうか、という疑問を抱かれると思います。

ごもっともです。しかし、それはあなたの心の奥底に確実に存在します。
妄想神社は本書で述べるテクニックを実践すれば、人それぞれの形でその人の心の中に現れてくるのです。
えっ？　心の中に人それぞれの形で現れるって、それこそ「妄想」でしょう？
そう、だから「妄想神社」なんです。

しかし、この神社はまったく架空の存在というわけでもありません。

地上の神社の成り立ちを考えてみましょう。識者によっては、神社に個人的な願い事をしてはならないなどという方がいますが、それは大きな間違いです。ほとんどの神社は祈願のために建てられているのです。あるいは祈願成就の証として建てられているのです。

古今東西、人々は神さまに願い事をしてきました。
その願いが叶えられたとき、人間はその偉大なる力に感謝し、自然にひれ伏すようになったのです。そして、その力にすがる人々が続々と祈願を行うようになったのです。

もともと神社というのは、そういう人々の願いや想いにより出現したのです。

そういう意味では、妄想神社こそが神社の原型といってもいいでしょう。

信じられないほど多くの人々が、自覚しないままに、この神社を訪れています。日本人ばかりではありません。「願望」を抱くすべての人が無意識に訪れているのです。

孫正義さんもスティーブ・ジョブスさんも、多くの偉大な成功者は本人も自覚しないままに、じつはこの「妄想」と呼ばれる聖なる領域の神社に密かにお参りしていたのです。

私はその秘密の法則に気づき、誰でもが**意識的にその存在を心の中に可視化させ、確実に気線を繋ぐ方法**を開発したのです。

自分の願望を明確にする人だけに開かれる秘密の扉

妄想神社への扉は願望を持つすべての人に開かれています。

ただし、**ここでいう願望は具体的な願望**です。

「幸せになりたい」とか「幸運をつかみたい」といった、**曖昧で抽象的な願望ではだめ**なのです。

妄想神社の扉は、具体的な願望を持つ人にしか開かれません。

そのためにいちばん大切なことは、願望を**言葉や文字で具体的に**ハッキリと説明できることです。

具体的に説明できるということが大切です。たとえば「幸せになりたい」というだけでは、いったいそれがどういう状態なのか、そのイメージを多くの人は思い描くことができません。

〇〇さんと交際したい。
〇〇さんと結婚したい。
今年の人事異動で課長のポストを得たい。
ヨーロッパの支社に海外赴任をしたい。
〇〇社に転職して年収をアップしたい。
いまの職場で正社員に登用されたい。
タワマンに住みたい。
ポルシェが欲しい。
一戸建ての住宅を購入したい。
別荘が欲しい。
世界一周旅行をしたい
〇〇大学〇〇学部に進学したい。
ちっとも振り向いてくれない〇〇さんとデートしたい。
お店でナンバーワンのホステスになりたい。

夜の仕事をやめて昼間の仕事で稼げるようになりたい。

……………

このように、**具体的な願望を言葉で、あるいは文字でハッキリと表現できる人だけが、願望実現へと続く妄想神社の扉を開くことができるのです。**

どんな願望でもかまいません。出来るだけ具体的な願望のほうが成果をリアルに味わうことができます。

もっとも「独立して事業を起こしたい」とか、「結婚し、出産して、専業主婦になりたい」とか、「成功して大金持ちになりたい」といったやや抽象的な願望でもかまいません。

願望実現にはイメージングが重要

あらゆる成功哲学の本は、**願望実現にはイメージングが重要**だと説いています。
つまりは**願望の映像化**です。

しかし、実はこのイメージングで、挫折する方が多いのです。
なぜなら、多くの本はイメージングが大切というだけで、その方法論が明確ではなかったり、合理的でなかったりするからです。

そのために、下手をすると、うまくイメージングが出来ないのは自分に才能がないからではないかなどと、余計な悩みごとを抱えてしまうことになりかねません。それでは願望実現の妨げになってしまいます。

またイメージングは繰り返し継続的に行わないと効果が得られないのですが、

途中で飽きてしまってやめてしまう人も多いようです。

しかし、願望を具体的に文字にすれば、イメージ映像は付随するようになります。言葉で説明し、文字で何度も書くというプロセスで、あなたの脳内では無意識にその内容をイメージング＝映像化しているものなのです。

内容が具体的であればあるほどそれは鮮明になります。

脳内に組み込むために、自分の願望を言葉で表現し、文字で書くということが大事なのです。

それは小説家が、秋の紅葉の風景を描写するとき、彼の脳裏には燃えるような深紅の紅葉が映像としてよみがえっているのと同様です。

そして読者がその文章を読めば、その情景が自らの記憶と一体化して脳裏に浮かびあがってくるのと同様です。

なんだ、それだけのことかと思われるかもしれません。しかし、実はこんな簡単なことが意外と大切なのです。

ですから妄想神社に参拝する前に、必ず自分の具体的な願望をまずは文字にして書いてみてください。

ただし、ひとつだけ注意しておきますと、**何かが欲しい場合は、欲しい対象そのものではなく、その対象をゲットして喜んでいる自分の姿を妄想し、文字にしていくことです。**

ベンツが欲しい場合は、ベンツではなく、ベンツに乗って喜んでいる自分の姿を妄想します。あるいは職場にいる憧れの異性と交際したいのであれば、その人の顔ではなく、その人とデートしてうきうきしている自分を妄想してください。

お金が欲しい場合も、札束ではなく、札束を財布にしまって喜んでいる自分を想像するのです。

願望を映像化するためには喜びという感情を伴う情景を思い描くのがコツです。

なお、あとで述べますが、**妄想神社では自分の願望を文字に記した絵馬を毎日繰り返し奉納するきまりになっています。**

といってもあくまで妄想世界での話ですので、実際の絵馬が必要なわけではありません。

要は願望を文字に書くという行為の映像が大切なのです。

これによって、願望イメージがいやでも強固なものとなるからです。

さらに妄想神社に参拝するにあたっては願いを一つに絞ることが大切です。

あれもこれもという欲張りな方は、ノートに自分の願いを書き出して整理して優先順位をつけましょう。そして、ひとつずつ叶えてゆくのがコツなのです。

この世はすべて妄想である

「妄想神社」というのは私のネーミングです。

えっ、妄想？

という方もおられるかもしれません。

ふつうは妄想という言葉は「被害妄想」とか「誇大妄想」など悪い意味に使われますね。

しかし冷静に考えてみると、この世の中の仕組みの根本である経済そのものが実は「妄想」で成り立っています。

ビットコインなどの仮想通貨などはその最たるものです。一時に比べて暴落したとはいえ何の裏付けもないのに数十万円から数百万円で取引されています。仮想通貨というよりは、現実には存在しない、まさに妄想通貨です。

しかし考えてみれば、ドルや円やユーロなど、すべての貨幣も妄想によって成り立っているのではないでしょうか。それらは仮想通貨とちがって国家の裏付けがあるとされていますが、本当はそんなものはありません。

たしかに大昔は一万円札を日本銀行にもって行けば、その人に一万円相当の「金」を引き渡すことが原理的には保証されていました。これを「金本位制」と言いますが、それでも「金」にそれだけの値打ちがあるというのは人々がそう信じていたからにすぎません。

今では日銀に一万円札を持っていっても何かに交換してくれるわけではありません。それは福沢諭吉の似顔絵を印刷したただの紙切れですが、誰もがそれを貨幣だと信じて疑わないから日本全国どこでも貨幣として通用するのです。

人類は妄想力で勝ち組となった

数年前に話題になった『サピエンス全史』という本があります。

著者はユヴァル・ノア・ハラリというイスラエルの歴史学者ですが、フェイスブックの創始者マーク・ザッカーバーグによって紹介されたのがきっかけで、世界的なベストセラーとなりました。日本でも二〇一六年に翻訳され、NHK「クローズアップ現代＋」でも紹介されたので、お読みになった方もおられるかと思います。

私たちが暮らす世界は、貨幣にかぎらず、すべて人間の想像力＝妄想力、すなわち「思い込み」でできているというのがこの本の最大のポイントです。

そもそも人間はなぜ他の類人猿や猛獣を押しのけて地球の支配者になれたのでしょうか？

大きな脳をもち、道具を使うことができるようになったからだという説明がしばしばなされます。

しかし人間はこれらの能力を獲得してからも、二百万年にわたって地上では取るにたらない存在にすぎませんでした。

百万年前の人類は、脳が大きく、鋭く尖った石器を使っていましたが、たえず肉食獣を恐れて暮らし、大きな獲物を狩ることはめったになく、主に植物を集め、昆虫を捕まえ、小動物を追い求め、強力な肉食獣が残した死肉を食べていたのです。

では、そんな地上界の負け組だった人類がなぜ勝ち組になれたのでしょうか？

『ホモサピエンス全史』は、今から約七万年前に人類が妄想力を獲得したからだというのです。つまり人間が「虚構を信じる」能力に目覚めたからだというのです。

この能力を獲得することで、人間は神話、神々、宗教、国家、法律、貨幣といった制度や文化を生み出しました。

これらの共通の「思い込み」は人々を結束させ、大規模で複雑な社会集団を構成することを可能にし、その組織的な力で他の生物やネアンデルタール人を駆逐し、地上の覇者となることが出来たのです。

つまり、妄想こそが、人類を急速に発展させた原動力なのです。

そして、種としての人類が妄想をテコとして大発展を遂げたように、自分の願望をはっきりと妄想できる人だけが成功への道を着実に歩むことができるのです。

気軽にはじめてみよう

宗教は信じる者は救われるの世界です。信じない人を救ったとか、信じない人の願いを叶えた、という宗教はあまり多くありません。

しかし妄想神社は宗教ではありませんから、本当は信じなくてもよいのです。「はじめに願望ありき」ですから、唯物論者であろうが、神道以外の信仰をもっている人であろうが、関係ありません。

信じなくても、とりあえず妄想の中で毎日のように手を合わせて祈願し、絵馬を奉納し続ければよいのです。

大事なのは気軽に楽しく続けることなのです。

願いが叶うと信じて気軽に続ければ楽しくなります。

気持ちばかりが先行し、焦ってしゃかりきになるのはよくありません。

どうしていけないかというと、人間は「無理だ」と本能的に諦めているときに、そういう祈り方をするからです。いいかえれば「無理だと思うけどお願いします」という祈り方です。

妄想が楽しいのは、その願っていることが叶うと能天気に妄想しているからです。必死の妄想は、もはや「妄想」とは言えません。あまり**一生懸命すぎるのは逆効果**になるということを覚えておいて下さい。

妄想神社とは

◆どんな願望でも叶えてくれる秘密の神社
◆あなたの心の奥深くにある神社
◆ノーリスク、ハイリターンの霊験あらたかな神社
◆人類を急速に発展させた妄想力を持つ神社
◆宗旨・宗派は関係ない神社

第三章

集合的無意識と妄想神社

潜在意識と顕在意識

さて、いきなり実践に移るまえに、理論的に納得しないと気のすまない方のために、少しだけ難しい話をします。

めんどう臭いという方は、ここは読み飛ばしていきなり実践篇に行かれてもかまいません。

私たちは誰でも自分で意識しコントロールできる**顕在意識**と、ふだんは意識せず通常はコントロールできない**潜在意識**とをもっています。

このことはよく「氷山」に例えられます。

海面の上に出ている部分は外からもはっきり見えますが、その部分が「顕在意《けんざいい》識《しき》」と例えています。全体の5～10%程度の部分です。

そして海面の下は外からはよく見えません。その部分を「潜在意識《せんざいいしき》」と例えています。それは全体の90％以上を占める、意識の総本山といえる部分です。

つまり、普段私達が自分で認識できている意識は「顕在意識」だけで、全体のほんの一部分だけだということです。

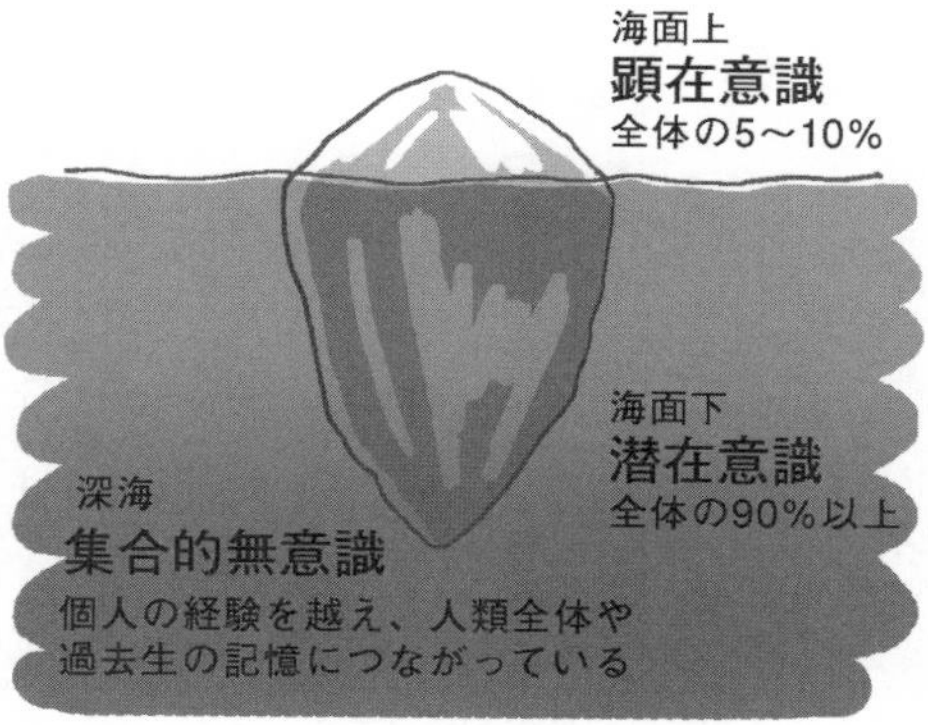

顕在意識と潜在意識。心理学者のフロイトが発見し定義した意識の区別です。これを発見したことで、心理学に革命的な発展が起きたと言われています。

潜在意識は無意識とも呼ばれます。フロイトは、精神分析を通じ、潜在意識が当の本人が自覚しないままに、その行動に影響を与えていることを明らかにしました。

潜在意識はまさに「潜在」的に、あなたの行動を日々制御しているのです。

このことは、願望実現のためには、ふだんは自覚することのない潜在意識の方にその願望を届けた方がより効果的で、確実だということを意味します。

ですから願望を、もっといえば**願望が達成されたイメージ映像を、深く潜在意識に固着させることができれば、潜在意識はそのゴールにむけ、最適な行動を自動的にあなたにとらせてくれるようになるのです。**つまり潜在意識は願望達成マシンに変容します。

ですから逆説的に聞こえるかもしれませんが、**願望を叶えるには、願望を意識的に無意識＝潜在意識の方にすり込む必要があるのです。**

ですからたいていの「自己啓発」や「成功哲学」や「願望成就」や「引き寄せ」の本には、潜在意識を活用すべきと書かれています。しかし、それらの本には実際にどうすれば潜在意識を活用できるのかについては書かれておりません。

データ管理室

あたり前の話ですが、「潜在意識」を活用するためには、「潜在意識」に働きかけなければなりません。

ところが「どうすれば本当に潜在意識に働きかけられるのか？」というそのノウハウを書いている本はほとんどないのです。抽象的に述べるだけで、具体的に説明した本がなかなか見当たらないのです。

したがって何十冊、自己啓発の本を読んでも、能力開発の本を読んでも、一向に願望が叶わず、不幸な状況から抜け出せない人がたくさんいるのです。

問題は、そもそも潜在意識について書いている人たちも、潜在意識の仕組みというか作動するシステムがよくわかってないことにあります。

これをきちんと理解しないと、いくら頑張っても潜在意識を上手に活用できません。ところが、そこがわからないため、まるで潜在意識を、あなたを手助けしてくれる背後霊団でもあるかのよう勘違いする人たちが出て来るのです。

ここは重要なところですが、願望というのは、潜在意識に届いたからと言って、それですぐ実現するわけではありません。潜在意識は「**過去世に遡るデータ管理室**」のようなものです。

新しい情報が入ってきただけでは、意味もなくそれを具体化するようには作動しないのです。

ただし、優《すぐ》れたデータ管理室である潜在意識は、同じような考えや感情をすくい上げ、一つに取りまとめていきます。磁石に吸い寄せられるような形で、きれいに分類されていくのです。

したがって、**同じような考えや願望や感情が毎日のように蓄積されていくと、それがどのようなものであれ、そこに「一つの形」が形成され、徐々に具体化へと動き出すようになります。**

妄想神社の賽銭箱は、この潜在意識のメカニズムを具現化したもっとも効率的な装置です。**妄想神社の賽銭箱の中に「願望」を入れ続けると、その願望は黙っていても膨張し、やがて潜在意識へと吸い込まれていきます。**ふだんは眠っている潜在意識の最深部に吸い込まれていくのです。

潜在意識と集合的無意識

潜在意識はいちおう個々人に属する意識ですが、その最深部では超次元の世界、人類共通の集合的無意識ともつながりを持っています。

集合的無意識とは天才的心理学者のユングが提唱した概念で、要は**人の意識はその深層で「すべてつながっている」**という説です。

その論拠としては、全世界に共通する神話や伝説や神の存在が指摘されます。

龍などの空想上の生き物も、世界中で同じような姿で見いだされます。

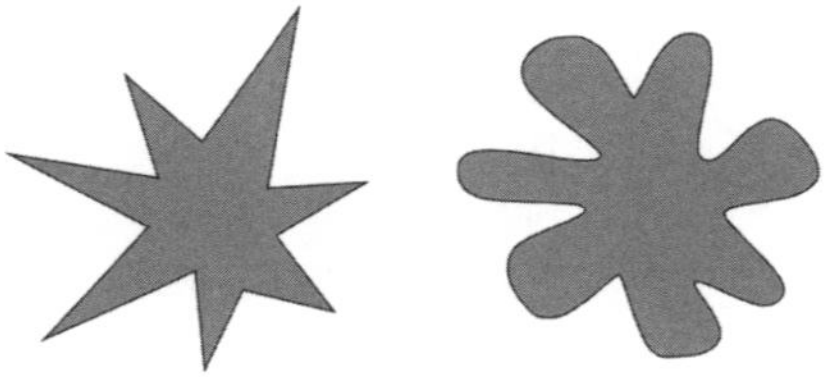

© Bendž 2007

「ブーバ／キキ効果」という面白い実験があります。

丸い曲線からなる図形と、ギザギザの直線からなる図形を被験者に見せ、「どちらがブーバで、どちらがキキだと思いますか？」と問うと、驚くべきことになんと98％もの人が「曲線図形がブーバで、ギザギザの直線図形がキキだ」と答えるのです。

この結果は世界中のどこの地域、どの文化圏で実験しても変わりません。

つまり音と図形に関する感覚は、世界的に共通しているのです。

このような現象は個々人の意識が深いところで繫《つな》がっている何よりの証左と言えるでしょう。

俗にいう「虫の知らせ」「正夢」「胸騒ぎ」などの現象も、人間の意識がどこかでつながっているから起きるのです。

ですから、集合的無意識は神や心霊、超能力といったスピリチュアルな世界の基とも言えます。

そして、潜在意識の奥深く、集合無意識の手前に、わたしたちが目的とする妄想神社が存在するのだと思ってください。

とはいっても、潜在意識の奥に眠っている妄想神社を探り当てるのは容易ではありません。

そこで、イメージの力を利用して顕在意識から潜在意識へと「妄想の旅」を繰り返す必要があるのです。

何度も、同じイメージを描くことで、妄想神社はかたちを現わし、参道への扉が開くようになっているからです。

潜在意識が働くとき

「妄想神社」の存在には疑問を抱く方でも、潜在意識そのものの存在性については、学問的な認識というだけでなく、体感的に実感されている方が多いのではないかと思われます。

ただ多くの方は、その機能や役割を十分に認識されてはいないのです。「何となく、あるとは思うけど、使い方が分からない」というのが多くの方々の印象でしょう。

それは、そのままパソコンとかスマホに似ているかもしれません。多くの方は、それらを所有していますが、本当に各種の機能を理解し使いこなしている方は少ないのではないでしょうか。自分の趣味的な分野を別とすれば、ほとんどの方は、その一部の機能しか使用していません。

これと似たことが、潜在意識についても言えます。多くの方は潜在意識の存在は認めても、それを活用するという発想を持っていません。

そもそもパソコンのように取扱説明書もないので、その基本的な使い方すら分からないし、使い方を知らなくても生活に支障は生じないからです。日常の中で潜在意識がどう作用しているのかも判然としていません。

だから科学の分野でも、その全体像は今なお完全に把握できないままです。そのために自己啓発や能力開発の本やセミナーなどで潜在意識の重要性が語られても、どこかあいまいなままです。

潜在意識が驚くほどのパワーを秘めた存在であることだけは間違いありません。特殊な状況下においては、潜在意識は自動的に作動することがあります。特殊な状況とは、その人に生命の危険がある時とか、緊急に何かを知らせなければならない時です。

親しい人が亡くなるとか、予期せぬ災難が降りかかってくるような時に、潜在意識は私たちを「虫の知らせ」や「火事場の馬鹿力」といった一種異様なかたちで導いてくれます。

問題は、そういう緊急時ではなく、ふだんの日常生活において、どうやって潜在意識をうまく活用するかということです。それさえ可能になれば、誰もが幸運な人生を歩めるようになり、どんな逆境からでも立ち直ることが可能になるはずです。

解決法は簡単です。顕在意識を使って潜在意識（無意識）をコントロールしてしまえばいいのです。

それが出来れば、潜在意識が秘めている膨大なパワーや能力の一部を発揮することが出来るようになるはずです。

実際に、それを証明するのが催眠術による肉体のコントロールです。

人は催眠術にかかると、驚くべき力を発揮します。普段なら絶対に持てないモノを持ち上げるとか、できないはずの運動ができたりします。どうしてできるのかというと、潜在意識が身体に対して指令を発するからです。

ですから、この催眠術と似たような方法を用いれば、潜在意識のパワーを活用することが可能になるはずです。

自分で自分に催眠術をかけることを自己催眠と言います。

スポーツにおけるイメージトレーニングはその一種です。顕在意識をつかって潜在意識の扉をひらき、その潜在意識に暗示をくりかえし与えることで、身体能力の拡大を体験的に習得させ、自分の身体の中に未知なる力が潜んでいることに気づかせる技法です。

ある意味では、妄想神社は、現実の行動を願望実現にむけ最適化するための、一種の自己催眠の技法といってもいいかもしれません。

超常現象と催眠術

アメリカの超能力者として有名なエドガー・ケイシーは、催眠術によって特異な能力を開眼させることに成功した人物です。

ケイシーは保険のセールスマンでしたが、咽頭をこわし、会話がままならなくなり、その治療のため催眠療法を受けました。

ところが、催眠状態に陥ると、ケイシーは医師のような物言いで、病気の原因やその治療法を指示し、その通りにすると実際にケイシーの病気は治りました。

ケイシーを催眠術にかければ、他人の病気に対しても的確な治療法をアドバイスできるかもしれないと考えたセラピストが実際に試してみたところ、ケイシーは次々と的確な診断と治療法を提示し、実際に試してみたら見事に治療は成功しました。

エドガー・ケイシー
© ECCJ

こうしてエドガー・ケイシーは催眠状態下でのみ、どのような病気に対しても、名医のような診断を下せるようになったのです。

エドガー・ケイシーの例は極端だとしても、催眠術を通じて潜在意識を活性化させることで、本人も意図せぬ超常的な力を発揮させることがあります。

ですから、妄想神社への祈願、参拝を続けると、願望が実現されるだけではなく、特異な能力が引き出されることもあります。


余談になりますが、筆者は占いを専業としていますが、じつは占いも潜在意識と密接にかかわっています。

タロットとルーン
© borispain69/123RF.COM

とくに易占やタロット、ルーンのような占具《せんぐ》をもちいる技法は、潜在意識との関わりを抜きに論ずることが出来ません。

算木《さんぎ》やカード、ルーンなどの媒体物は、顕在意識から発せられた未来への問いを、一瞬で潜在意識へと届けて、すでに幻影化が進みつつある「未来の一コマ」を、算木の象形やカードの図像として表すのです。

多くの場合、それは「決定された未来」というよりも「映像化が進みつつある未来」ともいうべきもので、もちろん変更可能な領域を残しています。顕在意識から発せられた未来への問いを、潜在意識へと届けて、すでに形作られつつある未来の一コマを、算木の象形（卦《け》）やカードの図像として表すのです。

よくある勘違いですが、そこで示される「未来」は、占い師が予知するというよりは、算木やカードなどの占い用具が、依頼者の潜在意識から引きだしてくるものです。

すでに述べたように、潜在意識は集合無意識と呼ばれる領域と重なり、その部分では誰もがつながっているからです。

そして多くの場合、それは「決定された未来」というよりも、「映像化が進みつつある未来」ともいうべきもので、変更可能な領域を残しています。この変更可能な領域について適切な助言をするのが、本来の占い師の役割なのです。

妄想神社は潜在意識へのアプローチ術

エドガー・ケイシーの例は、潜在意識や無意識の世界が超常的な領域と連続していることを教えてくれます。

「虫の知らせ」や「火事場の馬鹿力」なども、神仏や先祖が、潜在意識を利用して、本人を守護した結果とも考えられます。

個人の**潜在意識は、その最深部においては、神仏の世界とも重なる集合無意識と称される領域と繋《つな》がっている**のです。

そこは、古今東西すべての人たちの祈念、願望、妄想の集まる領域でもあります。それらは磁石で吸い寄せられるように集合無意識へと集められるのです。そこは個々人の生をこえた神仏や先祖にもつながる超次元的な領域です。

妄想神社は、潜在意識の奥底、集合的無意識の手前に存在します。

潜在意識は「個」としての自分自身の無意識であると同時に、人類全体が共有する「類」としての集合的無意識にもつながっていることは、人間が抱く願望のほとんどが自分だけで完結する内容ではない以上、非常に重要です。

「神」という概念は全世界にありますが、それはこの集合的無意識のさらに奥にあるものです。私たちは**妄想神社を通じて、神さまに祈念することで、願望を潜在意識にすり込むだけでなく、さらに集合的無意識の応援をうけられる**のです。

もちろん「妄想神社」というのはあくまで仮称です。そういうふうに設定した方が、日本人である私たちの頭脳には理解しやすく、理解した方が、その場所へと無理なく到達できるからです。

その際のコツはすでに述べたとおり、自分の願望を抽象的な想いとしてではなく、できるだけ具体的に言語化し、映像化することです。

集合的無意識の手前にある妄想神社という「神の館」を借り、毎日のように同じ妄想を映像化することで、願望を潜在意識の奥底に集積することが重要なのです。

では、妄想神社で願望を実現するためには、その存在を信じなければならないのかというと、そんなことはありません。存在そのものについては信じても、信じなくてもよいのです。

もちろん、潜在意識には本物の妄想神社ともいうべき「超常世界の場」が厳として存在します。しかし本を読んだだけでは、仮に理解は出来ても、信じるのは難しいという方が、ふつうでしょう。

極端なことをいえば、だまされたつもりで妄想してみればよいのです。ただ毎日、だまされた気持ちで妄想するのも気分的によくありませんから、**とりあえず信じているふりをして妄想**してみるとよいのです。

そもそも現実の神社とて、参拝する際に神道という宗教に改めて入信する人はほとんどいません。入信しても、しなくても、神さまを半信半疑か、もしくは信じていなくても、お参りしてよいのが神社です。

ほとんどの神社は祈願のため、あるいは祈願成就の証として建てられています。古今東西、人は神さまに願い事をしてきました。その願いが叶えられたとき、人は神さまに感謝し、自然にひれ伏すのです。そして、神さまにすがるべく続々と祈願を行うようになるのです。

もともと神社というものは、そういう人々の願いや想いにより出現したものです。「はじめに信心あり」という話ではまったくないのです。むしろ「はじめに願望あり」なのです。

なので**「とりあえずやってみようか」という感覚が大事**です。代替医療やダイエット法などでも同じようなことがいえます。誰もが、その理論に納得して始めるのではありません。妄想神社への祈願もそんな感じでよいのです。

そのためには、とにもかくにも心の中に妄想神社を妄想的に建立しなければなりません。次章はその具体的なマニュアルになります。

潜在意識に倫理観はない

願望実現に関わることについて、もう少しだけ潜在意識の仕組みを掘り下げてみましょう。

潜在意識を活用すべきと書いた本は多いのですが、どうすれば活用できるかをキチンと書いた本はほとんどありません。抽象的に述べるだけで、具体的に説明した本がなかなか見当たらないのです。

ですから何十冊、自己啓発の本を読んでも、能力開発の本を読んでも、一向に願望はかなわず、不幸な状況から抜け出せない人がたくさんいるのです。

問題は、そもそも潜在意識について書いている人たちも、潜在意識の仕組みをよくわかっていないということにあります。

まずハッキリさせたいのは、潜在意識には私たちが想像するような一般的な倫理観はないということです。私たちが応援をとりつけようとする集合的無意識にしても同様です。

それこそ仕事はできるが、善悪を欠いているＡＩ（人工知能）のように、私たちの行動を導くだけです。

では妄想神社を通じて潜在意識に願望をすり込むように、潜在意識に倫理観をすり込めば良いと思われるかもしれませんが、それは違います。もともと、顕在意識だけでは発揮できない力を、潜在意識が引き出せるのは、倫理観に規定された縛《しば》りや枠組みがないからです。

これが顕在意識ですと、マンガの主人公のような突出した力を望んだとしても、倫理観＋客観的な判断能力が作動してしまうため、早々に不可能と諦めてしまいます。

そういう意味では顕在意識は、意外なほど冷静で客観的です。顕在意識は実生活とじかに結びついているので、自分を客観視できる目もそなえ、倫理観も育まれやすいのです。

ところが潜在意識は実生活とじかに結びついていません。実生活で作動するのは、事故や事件など生命を左右するような緊急事態のときに限られます。またそもそも潜在意識は超次元的な集合的無意識とつながっているので、時代や地域によって変わる倫理観の影響を受けにくいのです。

一方、倫理観のない潜在意識を活用しても、人を不幸に陥れるような願いは叶えにくいのも事実です。

たとえば「恋敵が憎いから殺してほしい」などの願いは実現されません。

これは潜在意識が拒絶するからではありません。

顕在意識の方に、ブレーキをかける作用があるからです。**要は私たちが社会生活を営む上で、すり込まれてきた倫理観が、顕在意識に表れ、無意識による導きを妨害するのです**。その結果、他人ではなく自分自身に、自傷的にその導きが向いてしまう可能性もあります。

また人を不幸に陥れるような願いとは、えてして後ろ向きの願いです。善悪がどうというより、過去にとらわれ執着している状態がよくないのです。未来を志向する限りにおいて効果的な、無意識による導きと矛盾してしまうのです。

ですから、「妄想神社」に参拝するときは、自分の幸せそうな映像、自分がほめたたえられている映像は何度繰り返しても良いのですが、相手が泣き崩れる映像、相手が苦悩する映像を持ち込んではいけません。仮にライバルや競争相手がいても、自分が幸運をつかむイメージ、自分が成功していくイメージだけがよいのです。

潜在意識とは

◆潜在意識（無意識）は、当の本人が自覚しないままに、その行動に影響を与えている

◆潜在意識は「過去世に遡るデータ管理室」。同じような考えや感情をすくい上げ、一つに取りまとめ分類する性質をもつ

◆顕在意識から潜在意識に繰り返し働きかけることによって、願望の形が形成、具体化へと動き出す

妄想神社の目的

◆各人の運命は「決定された未来」ではなく、「映像化が進みつつある未来」、つまり変更可能

◆集合的無意識の手前にある妄想神社という「神の館」を借り、毎日同じ妄想を映像化し、願望を潜在意識の奥底に集積することによって、集合的無意識の応援をうけ、未来を変更する

第四章

妄想神社参拝マニュアル

妄想神社のイメージを決める

さて、いよいよ実践編に入ります。

妄想神社を妄想するためには、妄想する神社の大まかなイメージを構想します。

これは自由に構想して頂いてけっこうですが、ふだんからよく神社に参拝されている方はそれをベースにするのが手っ取り早いかもしれません。

ただし、都会においては敷地の関係で参道らしい参道がなく、いきなり境内という神社がけっこうあります。これは妄想神社のイメージとしてはあまりふさわしくありません。

また、伊勢神宮はじめとする名神大社も参道が広く、本殿以外の社殿がたくさんあり、社殿前の境内はかなり広い傾向がありますので、妄想のテンプレートにするには難があります。

理想的には、まっすぐな参道があり、その正面に社殿がある中くらいの神社をイメージするのがいいでしょう。

実際には、これまで参拝したことのある神社のいろんなパーツをイメージ的につなぎあわせることになるかと思います。

たとえば、伊勢神宮からは宇治橋のイメージを借りてもいいでしょう。ただし実際には宇治橋を渡ると参道は右に向かいますが、これはあまり好ましくありません。あとで述べますが、妄想神社は鳥居をくぐりぬけた太陽光線が参道を走り、本殿の丸鏡に達するという妄想が大事なので、宇治橋を渡ってそのまままっすぐな参道が続く景観にする必要があります。

現実の神社の写真をてがかりに

何事を妄想するにも「種子」が必要です。ですから神社参拝が好きな方は、過去に訪れたお気に入りの神社の写真があれば、それを種子にイメージ化する練習をするのが取っつきやすいと言えます。

もっとも神社といっても、近所のほとんど境内地もない産土《うぶすな》様か、さもなければ観光化された大きな神社しか参拝したことがないという方も多いでしょう。そういう場合は、本や雑誌に掲載されている写真や、ネットに落ちている写真にすればいいでしょう。

なるべく、これはいいなあ、行ってみたいなと感じる、つまり「波長」のあいそうな神社の写真を選んでください。

神社の境内全体の写真はたいていいないと思います。鳥居でも社殿でも参道でもいいので、それを30秒ほどよく見てください。これにそっくりな姿が妄想神社なのだ…と自分に言い聞かすようにして、見つめるのです。

そして、ゆっくり目を閉じて映像を再現するという練習をします。


一度や二度では映像化できないという人は、常に身近に理想とする神社の絵や写真を持ち歩き、練習してみてください。

何回も観察と妄想を繰り返していくうちに、実際にその神社を訪れているような映像が徐々に浮かび上がるようになっていくでしょう。何事もそうですが、繰り返しの練習でうまくなっていくのです。


妄想神社の映像化や絵馬への具体的な筆記、神社参拝の客観的な情景など、最初は難しくても、映画監督になったつもりで同じことを繰り返しているうちに要領がつかめてきます。

焦る必要などありません。また、あまり几帳面《きちょうめん》に考えすぎないようにしてください。写真はあくまで「種子」ですので、妄想のなかで変形させるのも自由です。

また、妄想神社のラフな境内図もざっと構想しておいたほうがいいでしょう。

ここでは参考までにもっとも妄想しやすいパターンを掲載しておきます。

妄想神社の必要な構成要素は、鳥居、手水舎《ちょうずしゃ》、直線の参道、本殿、神鏡、絵馬掛けとなります。多くの地上の神社には拝殿がありますが、これはあとで述べる理由で不要です。

また多くの神社では、神鏡は本殿の奥にありますが、妄想神社では太陽光線を反射するイメージが必要ですので、本殿の前部に設置するのがいいでしょう。

これも仮想見取り図を図示しておくので参考にしてください。

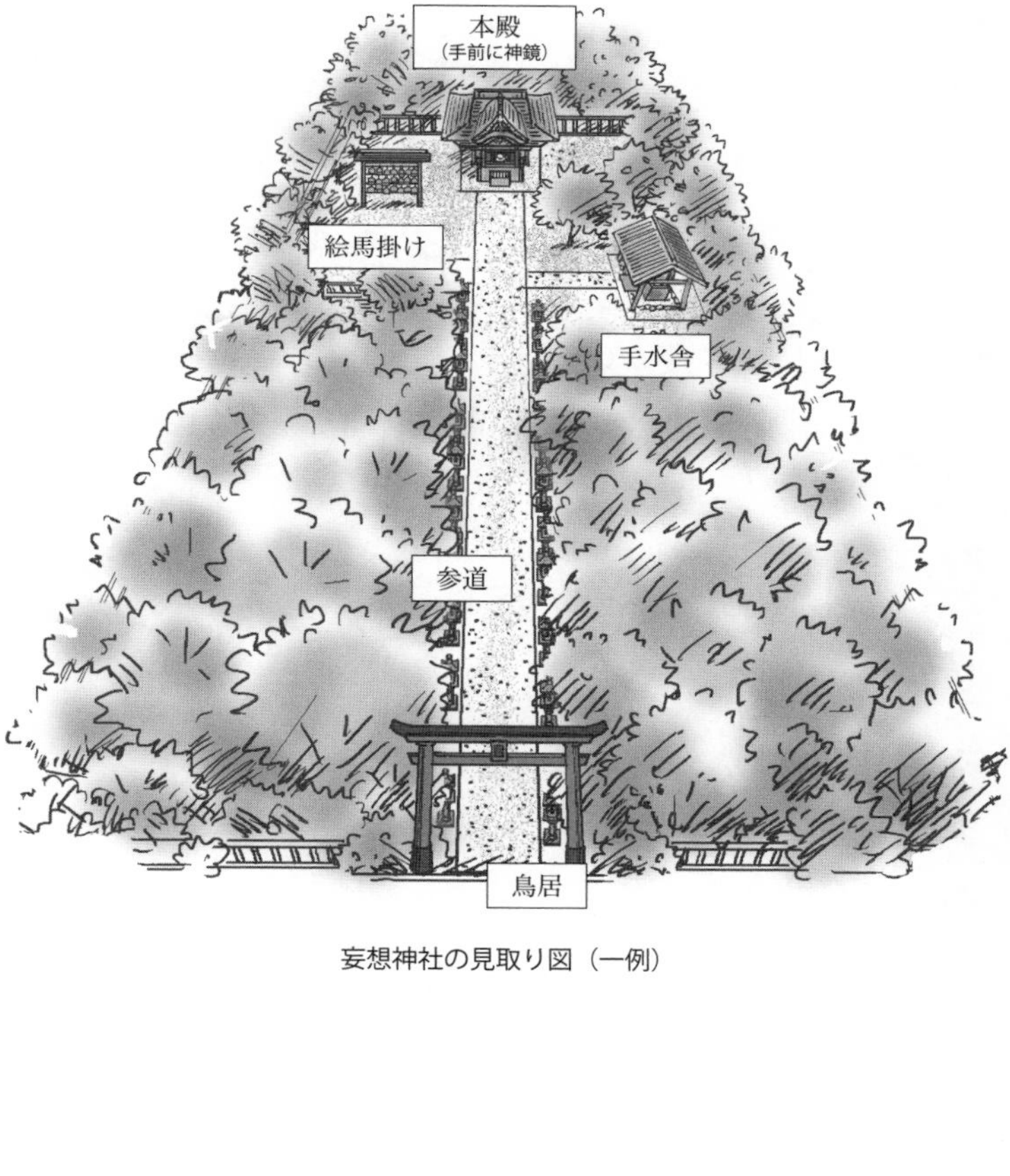

妄想神社の見取り図（一例）

妄想の映像化は人によって異なる

妄想映像の鮮明度には個人差があります。

何かのビジョンを妄想する場合、目を閉じていても、あたかも肉眼で見ているかのように鮮明に見える人もいますが、ぼんやりとしか見えない方、あるいは見えた気がするだけという方もおられます。

筆者の場合は、体質的なものなのかはじめから鮮明に見えるのですが、多くの人の場合は、そうでもないようです。

しかし、ぼんやりとしか見えない方や見える気がするという方も、参拝を続けるうちに、徐々に鮮明な映像が見えるようになります。

また「見える気がする」というのは、実は「見えている」のと同じことです。

筆者は鮮明に映像化をできますが、これは肉眼で見ているわけではありません。厳密には「あたかも肉眼で見ているかのように見えているような気がしている」だけなのです。

だから自分で「見えている」と思い込むことも大切です。

参拝する時間と場所

妄想神社で祈念する願望は必ず一度にひとつにしてください。そしてその**願望が実現するまで、継続して参拝**してください。

もしどうしても**願望を途中で変更したくなったら、数日あいだをおいてから、新たな願望を祈念**してください。

また**願望が実現したら、作法は自由ですが、妄想神社にお礼参り**をしてください。

これは、潜在意識に願望を深く定着させ、神さまに集合的無意識の応援をとりなしていただくために、必要な原則です。

また「妄想神社」への道を歩き始めるためには、いくつかの約束事があります。第一は**毎日お参りするための時間をとること**です。

といっても、そんなに長い時間は必要ありません。

どんなに忙しい人でも一日十分くらいの時間は作れるはずです。十分でも無理という方は朝の五分、または夜の五分でもＯＫです。また昼休みでもけっこうです。大切なのは毎日の継続です。

もちろん、これは絶対条件というわけではなく、一応の約束事です。どうしても時間が取れない日とか、出張などで難しい時には休んでもかまいません。出来るだけ毎日行うことが大切なのです。

第二は**リラックスできる空間**です。

狭い場所でもかまわないのですが、他人から邪魔されないリラックスできる空間を確保しましょう。

リラックスできる静かな空間であれば、自宅に限らず、職場でも、クルマの中でも、喫茶店でもOKです。

もちろんベッドや布団の中でもオッケーです。誰にも邪魔されることなくリラックス出来て、静かで、イメージが湧きやすいからです。朝目覚めた時や夜寝る前も妄想が働きやすいので、ベッドの中は効果的です。

一人でなくても邪魔されずリラックスできれば、連れ合いや恋人の腕枕でもかまいません。

そもそも寝ころんだままでも参拝できるのが、妄想神社の最大のメリットとも言えます。ただし、妄想の中ではきちんと歩いて神社を訪れないと効果はありません。

いい加減に行うと、いい加減の結果でしか返ってこないのが妄想世界の特徴です。妄想そのものは、寝ころんでいようと、ソファにもたれていようと、胡坐《あぐら》をかいていようと、あるいは誰かの腕枕のなかであろうと、どうでもいいのです。あなたにとってリラックスしやすい状態がいちばんです。

ただ、その妄想の中身まで寝ころんでしまってはなりません。なぜなら「神さま」に届かないからです。きちんと妄想神社へ出向いて、きちんと手を合わせて、きちんと頭を下げてこそ願いは通ずるのです。

基本的に、毎日、妄想の中、雑念を捨て一人で訪ねて行く、それが妄想神社です。

妄想する姿勢

妄想神社の最大のメリットは寝ながらでも参拝できる点にありますが、人によっては仰臥すると妄想がクリアにならない方もいます。

妄想神社は歩いて参拝するわけですが、三半規管の関係で、仰臥すると「歩く」という体感が妄想しにくい場合があるからです。

そういう方は、ソファやリクライニングチェアにもたれたり、椅子に座るか、さらに座禅やヨガや瞑想一般で行われる胡坐《あぐら》スタイルがいいかもしれません。

ヨガ風のポーズ

座る場合は胡坐でも正座でもかまいません。形式はどうでもいいのですが、背骨を伸ばすように心がけると、クリアな妄想がしやすくなります。

ただし、慣れてない方は足に負担がかかり、かえって妄想に集中できないので、椅子に座って背骨を意識すれば同じような効果が得られます。

どのスタイルが妄想しやすいかは人によって異なりますので、本格的に参拝をはじめる前にいろいろ試してみるのもいいでしょう。

妄想神社の参拝の手順

それでは、リラックスした状態で行う妄想の仕方と参拝祈願の手順を具体的に説明していきます。

まず、妄想のポイントは次のとおりです。

⓪祈願する願望を具体的にイメージする。

①家を出て、ふだんの道を歩いている。
②神社に続く道。前方に鳥居が見えている。
③鳥居
・鳥居の前で一礼し、くぐる。
④参道
・参道の中央には太陽の光
・端を歩く。
・前方に本殿と、光に輝く神鏡が見える。
⑤手水舎（省略可）
⑥賽銭箱
・社殿の前に立ち、賽銭箱に「願望」を投げ込む。
⑦本殿に参拝（二礼二拍手一礼）
⑧絵馬殿に絵馬を捧げる。
⑨丸鏡を覗く

⑩退出

これだけではよくわからないと思いますので、下記に実際の妄想のやり方を順次説明し、さらに次章では妄想神社のメカニズムについて補足的に解説します。

実際の神社には、これ以外に摂社《せっしゃ》や末社《まっしゃ》、神楽殿《かぐらでん》や神札の授与所などがあります。そういったものまで妄想するかどうかはあなたの自由です。

絶対に欠かせない構成要素は、鳥居、参道、鏡、賽銭箱、絵馬です。

なお、妄想神社参拝の一連のワークは映画のようなものと考えてください。

映画ではいきなりシーンが変わるように、道を歩いていたかと思うと、とつぜんフェードして、妄想神社の鳥居の前に立っている、参道を歩いていたかと思う

と次のシーンでは賽銭箱の前に立っている、次のシーンでは絵馬を奉納している。そんな感じでもオッケーです。

それぞれのシーンはできるだけリアルであることが望まれますが、最初のうちはおぼろでかまいません。毎日、繰り返すうちにだんだんと鮮明になってきます。

【ステージ⓪】祈願する願望を具体的にイメージする

妄想神社に参拝する前に、まず祈願内容を明確にし、それが達成できた時のイメージング（映像化）をします。時間的には十秒でも一分でもかまいません。

これに関しては、第二章四十頁以下の「願望実現にはイメージングが重要」のところをよく読みなおしてください。ポイントは二つあります。

・イメージングの前に、自分の願望を言葉で表現し、文字で書く。

・喜びという感情を伴う（願望成就時の）具体的な情景を思い描く。

なぜ「自分の願望を言葉で表現し、文字で書く」ことが重要かというと、物事をイメージすることの苦手な方でも、具体的に文章にすることで、脳裏にそのビジョンが鮮やかに映像化されることになるからです。

これは、【ステージ⑧】で、絵馬に願望を文字化（あるいは映像化）し、潜在意識に強固に定着させていくことにつながります。

なぜ「喜びという感情を伴う具体的な情景を思い描く」ことが重要かというと、感情を伴う情景は深く記憶に刻印され、これが潜在意識に願望を焼き付けるためのアシストになるからです。

まずは参拝する前に、自分の願望を、ノートでも手帳でもメモ帳でもよいので、文字として具体的に書きおこし、これを何度も眺め、口に出しながら叶えたい願望をイメージしていってください。慣れてくると、その文字を見なくとも、自分自身の願望が叶えられた後のイメージが判然としていくようになっていくことと思います。

具体的な願望イメージが明瞭になってきましたら、これを妄想神社まで持っていくようにする（【ステージ⑥】で、願望イメージを賽銭箱に投げ入れる必要があるため）ための準備を行います。

ここでは、理想的な形式のひとつとして、願望イメージをいったんご自分の下丹田（下腹部）にしみこませる（取り込む）方法をご紹介しておきます。

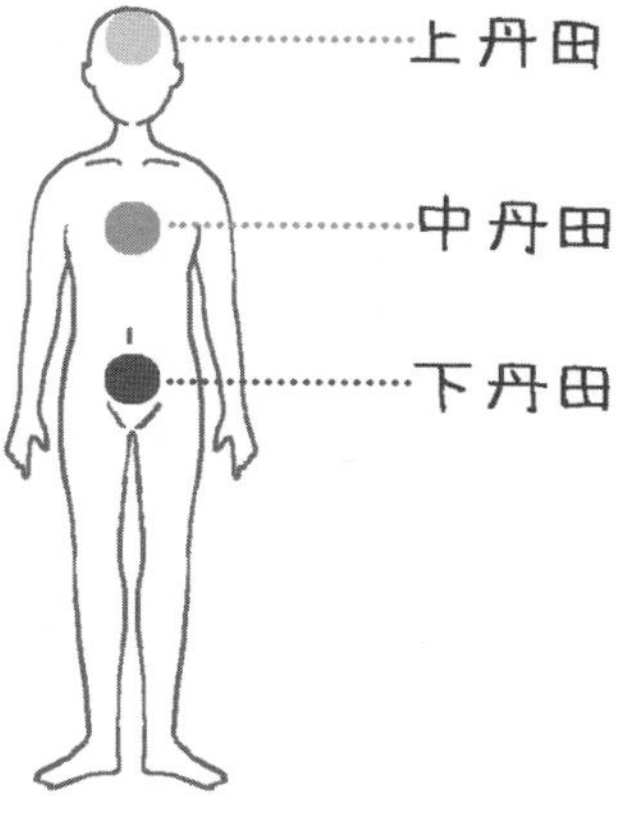

三つの丹田の位置

丹田は、道教や東洋医学などで言及される、人間のエネルギーセンターの一つで、そのうちの下丹田は、へその下三寸あたりに位置するとされています。
この下丹田に願望を入れ、エネルギーと一体化することができれば、その願望を実現させる力を引き出しやすくなります。

この一連のプロセスは、以下のように行ってみてください。

①肩の力を抜き、目を閉じて丹田呼吸法を行います。その際、両手を下丹田（へその下、八～九センチ程度の位置）に当てましょう。
②鼻から息を三～五秒くらいの時間をかけて、ゆっくりと下丹田を膨らますよう意識しながら、吸いこみます。
③次に、口から息を六～十秒くらいの時間をかけて、下丹田をへこませるように意識しながら、吐き出します。
④額の中心からやや下方にある「第三の目」（上丹田）を意識し、そこに集まってくるエネルギーを感じ取ってみてください。

⑤次に、そのエネルギーを頭から首、胸の中央や上部（中丹田）、お腹へと、徐々に下に流れるようにイメージして、最後に下丹田のところに到達させます。

⑥ここで、あなたの願望を、目を閉じたままで眼前に具体的にイメージして、そのイメージした幻像をシャボン玉のように丸く小さく変えていきます。その丸くなったイメージの幻像を「第三の目」から肉体内部へと取り込み押し下げて、下丹田にあるエネルギーと一体化させます。このとき、願望が実現した時に感じられるであろう喜びや達成感を気持ち的にブレンドしていくのがコツです。

⑦願望イメージが下丹田のエネルギーにすっかり溶け込んだと感じられたら、最後に、深呼吸を行い、徐々に現実に戻ります。

最終的に、あなたの下丹田に取り込み保管された願望イメージは、【ステージ⑥】で、あなたの潜在意識を模した「賽銭箱」に投げ入れます。

時間のある方や、願望を絶対に実現したい方は、この【ステージ⓪】は、毎回妄想神社に参拝する前に必ず行うようにしてください。イメージングのトレーニングにもなりますし、参拝前の重要な準備作法ともなります。

【ステージ①】家を出て、ふだんの道を歩いている

妄想神社にはクルマではなくて徒歩で参拝します。
映画で言えば、オープニングシーンです。

目を閉じたらいきなり神社が出現するのではなく、ふだん歩きなれた道から歩き始めて、イメージが明確になった時点でシーンが切り替わって、神社の鳥居の前に立つところから本編がはじまるという感じで考えてください。

なぜオープニングが必要かというと、妄想神社への旅は日常的な意識から下降し潜在意識の奥底へ向かう旅なので、妄想の起点はよく知っている道からはじめ

るのがいいからです。

また現実によく知っている情景からはじめたほうが、それに続く妄想神社の映像も鮮明に妄想しやすいということもあります。

そのためにはふだんから近所の道の情景をよく観察しておくことも大切です。一般的に対象を具体的に細部までイメージすることが、妄想力を高める練習になります。

印象に残るお店や看板、さらに電信柱のキズや道ばたの雑草などディテールがあれば、より上手にイメージングできるでしょう。これは本編で参道を歩くときも同じです。

通勤のために駅に向かう道でも散歩道でもいいですが、そのすべての行程をイメージする必要はありません。現実界でいえばせいぜい20～50メートルほどをクリアにイメージし、そこを歩いているシーンを妄想できれば充分です。

几帳面に家の玄関を出るところからイメージする必要は必ずしもありません。よく覚えている道を歩いているという設定からスタートすれば良いのです。

なお、妄想神社を参拝する想像上の服装は基本的に自由です。

普段着でもスーツ姿でもラフな格好でもいいですし、白装束、巫女装束でもいいです。どのみち妄想なので好きな格好でお参りしましょう。

といわれても妄想なれしていない方はかえって戸惑われるかもしれませんが、服装まで意識したほうが、あとの妄想がよりリアルになります。

女性の方は毎日のように姿見をご覧になっているので簡単だと思います。

実際にお持ちの服、あるいは欲しいと思っている服を着ている自分を空想の鏡に映してください。

鏡に写る自分の姿を妄想すること自体がイメージング能力を高めます。

また、お金持ちになりたいと願う方は、実際には買えない高価なブランド品に身を包んだ自分が鏡に映っているシーンを妄想するだけでも、願望実現への道が開かれていくといえるでしょう。

【ステージ②】神社に続く道。前方に鳥居が見えてくる

オープニングが暗転すると、シーンが切り替わり、あなたは妄想神社に通じる妄想の道を歩いています。

その道をどういう情景にするかは、あなたの自由ですが、妄想神社はやはり豊かな自然に包まれた古社というイメージがよいので、街中よりは田んぼに囲まれた小道や、横に川のせせらぎのある小径《こみち》の方がいいでしょう。

あなたの行く手は、朝もやのようにぼんやりとしているかもしれません。

ここから先は「具体的な願望」を持った方だけが通ることが許された道です。

なお、願望が具体的であればあるほど、もやが晴れて周囲が見渡せるようになり、遠くまで見通しがきくようです。

もやが晴れると、前方に鳥居が見えてきます。

【ステージ③】鳥居

どのような鳥居なのか、あらかじめ妄想神社の概略図を決める段階で決めておきましょう。

理由はあとで述べますが、できれば朱色の鳥居にしてください。また比較的高さのある大鳥居が望ましいでしょう。

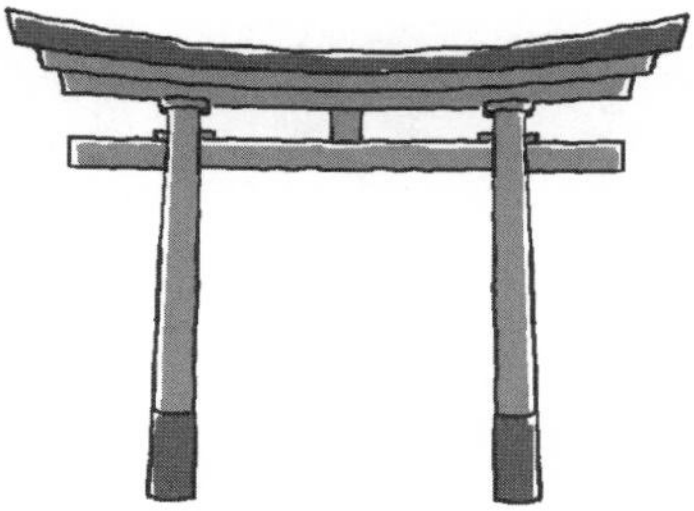

鳥居

ちなみに、目を閉じて、朱色の鳥居が見えると心の中でつぶやけば、朱色の鳥居の映像が浮かぶはずです。石の鳥居が見えるとつぶやけば、石の鳥居が浮かぶはずです。鳥居の形状はさまざまですが、多く見かけるシンプルな形の鳥居でいいでしょう。

いったん決めた鳥居の色や形状、大きさは、なるべく、あとになってから変えないようにしてください。

これはこのワーク全般に言えることです。神社の境内も神社に通ずる道もなるべく一定にしてください。

映画の撮影にはセットが必要ですが、そのセットが撮影のたび頻繁に変わるのはあまり望ましくありません。

とはいっても、こういう注意事項もあまり堅苦しく考えず、だいたい同じならいいという程度でけっこうです。

【ステージ④】参道

鳥居の前まできたなら、一礼します。その鳥居から先が、いわば神の領域です。

鳥居のまえで一礼してから鳥居をくぐります。

鳥居をくぐると本殿に続く参道があります。

一礼の位置は真正面でいいですが、**参道は中央を歩かず、必ず端を歩く**ようにして下さい。

鳥居をくぐるときに、左側を歩きたい場合は左足を、右側を歩きたい場合は右足を前に出すようにイメージすればその通りになります。


参道の端を歩くことには、深い理由があります。


鳥居はもともとは太陽の光を迎え入れるためのものでした。

神社の本殿にはどこにも、大きな丸鏡が置いてありますが、その丸鏡へと陽光を迎え入れるための門が鳥居だったのです。

ですから中央を歩くと、せっかくの陽光が、丸鏡まで到達する邪魔になるので忌避されたのです。

今ではこのような本来の役割を果たしている鳥居はほとんど存在しません。
それでも朱色の鳥居と、その中央を通ってやって来る「神」の存在は伝承され、人間が中央を歩くことは禁じられているのです。

鳥居から迎え入れられた太陽の光は、社《やしろ》の中央に鎮座する鏡に到達し、そこを起点として今度は神として神々しく光を放射し始めるのです。

これが太陽神アマテラスの本来の姿なのです。
妄想神社の場合、それはあなたの胸に輝く内なる太陽といってもいいでしょう。

以上を踏まえて、鳥居、参道、丸鏡は、ひとつながりのものとして妄想する必要があります。

鳥居を通過した太陽光が、参道をつたい一直線に本殿の丸鏡まで届き、丸鏡に

反射し輝く情景を妄想するのが大事なポイントです。

ここで妄想するにあたって注意すべきことがあります。

そもそも現実には太陽の光が参道の中央を走り抜けるというようなことは滅多にありません。通常であれば、光線は拡散されるからです。しかし妄想世界では、現実の物理法則は無視してかまいません。

参道の真ん中を輝く一条の光が通り、その上を龍神のような光が輪舞するようなシーンを妄想してください。

太陽光が丸鏡まで届くイメージ

地上の神社ではたいてい本殿の前に拝殿が置かれています。

そしてご神体である丸鏡は、本殿に安置されたり、あるいは拝殿のいちばん奥に置かれたりで、ふつうには見ることもできません。

この配置では、鳥居を通過した光は本殿にまで届きませんし、光が丸鏡に届くイメージを妄想できません。

しかし、このような本殿、拝殿という二重構造はそんなに古い様式ではありません。

現に伊勢神宮・春日大社・宇佐神宮・松尾大社などの古社には、今でも拝殿はありません。

ですから妄想神社にも拝殿は必要ありません。本殿だけでいいのです。

また、鏡は本殿の奥の御扉の前に置かれていることが多いですが、これでは拝殿がなくても、太陽光線を反射できません。

ですから、**妄想神社では大きな丸鏡は本殿の前部に置いてください。古代に「太陽神の正体」だった丸鏡の大きさを現実以上に大きく映像化するのが、神霊世界のアシストを受ける秘訣なのです。**

また丸鏡はふつうは雲形台に設置しますが、これはこだわりません。交叉する支え棒の上においてもかまいませんし、丸鏡だけが宙に浮いていてもかまいません。**妄想神社では、現実世界の物理法則は無視**してかまいません。

要はあるべき神社、原初の神社の原型を回復することが大切なのです。

富士の山頂に輝く初日の出、いわゆるダイヤモンド富士の姿がそうであるように、もともと太陽の光はヘキサグラム型に美しく輝き、神々しいものです。だから元旦の初日の出には、誰もが無意識に手を合わせるのです。

ですから鳥居をくぐった太陽光が丸鏡に反射し、神々しい光を放射している情景を妄想することだけがここでは大事なのです。

【ステージ⑤】手水舎

手水舎《ちょうずしゃ》はあってもなくてもかまいませんが、神社参拝になれている方は、やはりあったほうが自然で妄想しやすいかもしれません。

手水舎はたいていは鳥居に近い参道の横に設置されています。

手水《ちょうず》の作法はふつうの神社参拝の場合に準じて、まず右手に柄杓《ひしゃく》を持ち、左手を濯《すす》ぎ、次に左手に柄杓を持ち、右手を浄め、再び右手に柄杓を持って口をゆすぐという手順でいいでしょう。もし、普段は素通りしてしまう方なら、普段通りにして構いません。

こういうシーンを意識しすぎると、参拝そのものが不自然になってしまいます。

日頃から慣れている方にとっては、動作のある妄想は案外と映像化が簡単です。コツは実際にその通りに手を動かしてみることです。そうすると自然に手水を汲む自分の手が見えてきます。

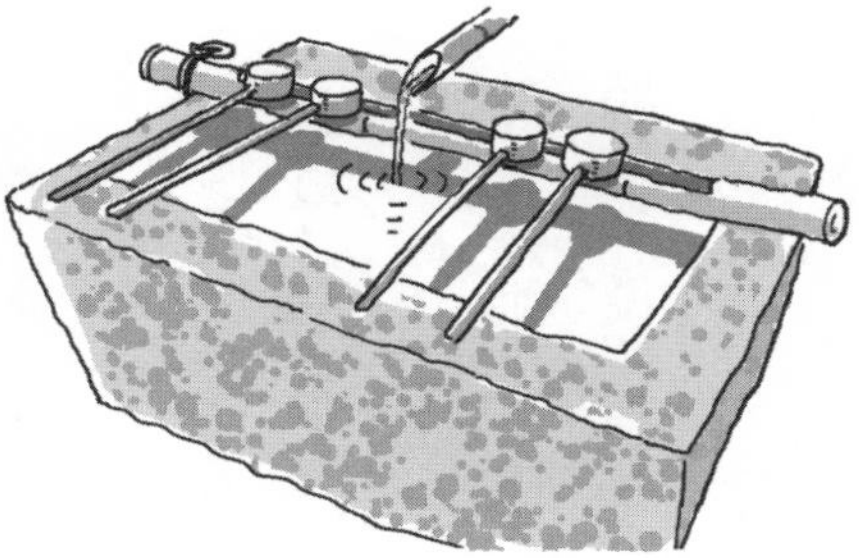
手水舎

ちなみに、ベッドやソファーなどのくつろげる場所ではなく、公園のベンチなどで、目を閉じて自分は神社の参道を歩いているのだと思って妄想を続けると、自然に参道の風景が季節の色をともなって見えくるはずです。

【ステージ⑥】賽銭箱

燦然《さんぜん》と輝く大きな丸鏡が据えられた本殿へとすすむと、社前《しゃぜん》に賽銭箱がありま
す。参道は端を歩きますが、社前においては真ん中（正中線《せいちゅうせん》）に立ちます。

ふつうの神社では、鈴が垂れ下がっており、まず鈴をふって一礼してから賽銭
箱にお金を投げ入れ、それから祈願という段取りになります。妄想神社の場合は、
鈴はあってもなくてもかまいません。

鈴はどちらでも良いのですが、賽銭箱は妄想神社になくてはならない大事な装
置です。

ただし、**妄想神社の賽銭箱に入れるのはお金ではなく、自分の「願望」です。**

これまでの指導体験から申しますと、妄想神社の場合、ここでつまずく方が意外に多いかもしれません。

「願望」など入れることが出来ない、どういうふうにすれば入るのかが分からない、そもそも「願望の形」はどこにあるのか、どうやって取り出すのか、悩み出す読者の声が聞こえてきそうです。

賽銭箱

たしかに願望を形として見ることなどできませんし、どこにあるのかもわかりません。それはわからなくてもいいのです。問題はあなたがどこにあると思うかだからです。

ふつうには頭の脳神経回路にでも宿っているとイメージされる方が多いのでしょうが、いやそうじゃない、私の願望は心の中とか、胸の片隅とか、ヘソ下の丹田にあると思う方もおられるかもしれません。

本当はどこから取り出しても構いませんが、とりあえずは、【ステージ⓪】の方で、下丹田にいったん願望イメージを取り込むワークをご紹介しましたので、この形で進めていくのが適切といえるでしょう。

願望イメージをひとつの塊（球体のイメージ）として、下丹田や、心の片隅や、脳内から取り出し、妄想神社の賽銭箱の中に投入することをイメージしてください。

ここでもスムースにイメージをできない人がでてきます。それは賽銭箱というと小銭を投げ込むというイメージがあるからです。本来、賽銭というのは神さまとの約束に捧げる供物《くもつ》なのです。それがいつのまにか日常の中のどうでもいい小銭を投げ込むという風習が定着してしまったわけです。ですからそこに願望を投げ込むといわれても心理的な障壁が立ちはだかるのです。とくに恋愛成就のような場合では、想う相手と抱き合っている姿を投げ込むようなイメージになってしまうようです。

ただ、ここでのイメージで大切なのは、願いが叶った自分の姿です。悦びに満ちているドラマのワンシーンです。最初はぼんやりしたイメージでかまいません。他のことにもいえますが、何度も参拝していくうちに慣れてくるはずです。

具体的には、丹田から取り出した球体の願望イメージや、心の片隅にあるハート型イメージ、あるいは脳内から離れない成功願望を取り出し、賽銭箱にゆっくり押し入れていきましょう。

もしくは自分の体の中から願望イメージがすーっと抜けて、それが賽銭箱に吸い込まれるイメージでもけっこうです。

妄想神社の賽銭箱は、実は潜在意識が具現化したものです。前にも述べましたが、潜在意識はデータ管理室のような機能をもっています。潜在意識は単に新しい情報が入ってきただけでは、なにも具体化しませんが、おなじような考えや感情をすくい上げてひとつにまとめ、きれいに分類していく習性があるのです。

ですから、願望を実体あるものとして妄想し賽銭箱に入れることが大事なのです。

毎日、賽銭箱に願望を入れ続けることで、願望は日を追うごとに潜在意識に深く定着し強固に成長していきます。そして成長がある一定の段階に達すると、願望に命が宿ります。ここまでくれば、あとはその実現にむけ、潜在意識があなたを自動的（本能的）に導いてくれるでしょう。

願望を賽銭箱に入れると、その瞬間、なぜか拍子抜けしたように心身が軽くなる人もいます。神社通いを毎日行い、そういう感覚が得られるようになれば、あなたは日常生活において、自分の願望とほどよい距離感を保つことができ、願望を極端に意識しすぎたり、その実現にむけ努力しすぎて、かえって逆効果になることを防げます。

なお、どうしても願望のイメージ化が出来ない方は、ふつうにお金を投げ入れてもかまいません。その場合は賽銭箱そのものに願望が凝縮されていると妄想してください。

また、そもそも願望が百万円欲しいというような場合は、百万円の札束を一枚一枚数えあげたあとで投げ入れれば、願望を投げ入れたことになるので、それでかまいません。

【ステージ⑦】本殿に参拝

願望を賽銭箱に入れたら、ふつうの神社でお賽銭した後のように一礼し、神社の丸鏡に向かって参拝しましょう。

妄想神社では形式は自由ですが、一般的な地上の神社と同じく二礼二拍手一礼とか、または二礼四拍手一礼とかの形式がいいでしょう。

①姿勢を正して、深いお辞儀を2回行います。（二礼）
②胸の高さで、右手を少し引いて手を合わせ、肩幅程度に両手を開き、拍手を2回打ちます。（二拍手）
③両手のひらをきちんと合わせ、心を込めて願望を祈ります。（祈願）
④その後、深くお辞儀をします。（一礼）

手水舎のところでも述べましたが、明確な動作を伴う妄想の方が映像化は簡単です。実際に普段行っている拝礼の動作をすれば、自然に妄想が映像化されていきます。

また、毎回、妄想を映像化しながら、心のなかで具体的な願望を唱えてください。

【ステージ⑧】絵馬殿に絵馬を捧げる

賽銭箱に願望を投入し、参拝を終えたら、次に絵馬掛けにむかいます。

社殿の傍らにある絵馬掛けには、なにも書いてないあなた用の無地の絵馬があらかじめ吊るされ用意されています。

絵馬

妄想の中でその絵馬を手に取り、**自分の願望をペンで書き、絵馬掛けに掛けてきてください。**

妄想神社では、24時間が経過すると、いつのまにか絵馬に記された文字は消え、新しい絵馬として生まれ変わります。ですから、昨日の絵馬はありません。一日に一枚、新たな絵馬に心を込めて願い事を書き記すのです。

ここで大事なことは、くどいようですが、必ず具体的な文章を書くことです。

たとえば就職祈願の場合、ただ単に「就職できますように」と記しても、どこの企業で働きたいのか、どんな仕事がしたいのかわかりません。

「妄想電機の総務部で働くことが出来ますように」とか、「妄想銀行の銀座支店で勤務できますように」とか、「ＩＴ技術者として採用されますように」など、必ず具体的に記してください。

具体的に記すことで、願望を再確認し、潜在意識へのイメージの定着を促すことが大事なのです。漠然とした表現や抽象的な表現では意味がありません。願望は具体的であればあるほど実現しやすいのです。

願望を書いたら、最後にあなたの氏名を書いておきましょう。

なお、絵馬は、実物として馬を奉納するかわりに誕生したもので、表側に馬の絵が描かれてあるのが本来の姿ですが、現代ではそれぞれの神社ごとに独自の絵が施されていますが、無地のものもあります。形状はおおむね横長の五角形です。

表に絵が描かれている場合は、裏側に祈願内容を書くことになりますが、妄想神社の絵馬は、基本的に無地ですので表裏は気にする必要はありません。
また願望が同じなら絵馬に書く内容は、必ずしも毎日まったくおなじ言葉や表現でなくてもかまいません。その時々の気分とか、状態によって、多少、内容が変わるとか、表現方法が違ってくるとか、具体的な細部が追加されるとか、そういう細かな違いはオッケーなのです。逆に全く同じでも大丈夫です。

また日頃からイラストや漫画を描くことが得意な方は、文字ではなく絵として願望を記すのも良い方法です。この場合、願望のイメージング全般にいえるのですが、すでに願望が叶って喜んでいる姿を描くのが、いちばん効果的です。つまり、願望の途中段階を描くのではなく、実現した姿を描くということです。

たとえば「コンテストでグランプリを獲得する」という願望なら、晴れやかな笑顔でステージ中央に立ち、トロフィー片手にインタビューを受けている姿などがいいでしょう。すでに予選を勝ち抜いたメンバーがわかっている場合は、彼らも背後に並んでいれば、よりリアルなイラストとなるでしょう。

文字の場合とおなじで、描くものが毎日多少異なっていても、基本的には構いません。

例えば、最初のうちはグランプリの場面、徐々に慣れてきたら「グランプリ獲得後の場面」でも良いのです。それが考えなくてもすらすらと描けるようになればしめたものです。それは潜在意識の方で、この場面を未来の映像として具体化していく準備が整ったというサインです。

なお、手水舎のところでも述べましたが、文章にしても、絵にしても、イメージの中で実際に書く動作をすれば、妄想映像はよりリアルなものとなるでしょう。

なお、絵馬に文字や絵を描くといっても、筆記具はどうするのか、普通の神社のように絵馬を書くための机や筆記具が用意されているのか、という質問があるかもしれません。
もちろん、そういう設備を妄想し、絵馬掛けに用意された無地の絵馬を手にとり、かたわらに設置された専用の机の上で用意された筆で書くと妄想されてもけっこうです。理詰めで考えればそうなりますが、妄想世界ではそんな面倒なことをする必要はありません。

実際にやってごらんになればおわかりかと思いますが、妄想世界では、絵馬掛けに吊るされた絵馬を手に取り、そこに願い事を書こうと思った瞬間にあなたの手には筆記具が握られていたりします。それでいいのです。妄想世界の映像には飛躍があって良いのです。

【ステージ⑨】丸鏡が映す未来

絵馬を奉納したら、もういちど本殿にもどり、神鏡（大きな丸鏡）を覗きます。ここが地上の神社参拝と妄想神社参拝の大きなちがいです。

妄想神社の丸鏡は太陽の光を浴びて、あなたの願望に命を吹き込む役割と同時に、「未来を映し出す」という機能があるのです。

興味を抱いて、そっと丸鏡を覗くと、燦然と輝く光の向こうに、何かがおぼろげに見え始めます。

神鏡（丸鏡）

どんなふうに覗くのか、本殿にずかずか上がりこんで覗くのか。ここでも妄想なれしていない方、なんでも理詰めで考える方は、そういう疑問をもたれるかもしれません。

しかし、妄想神社では「案ずるより産むがやすし」です。

焦る必要はありません。また、あまり几帳面に考えすぎないようにしてください。映画に複数のカメラがあるように、妄想には無数の視点があります。夢の映像と同様です。

だから、ふと気がつくとシーンが変わっているということも不自然ではないのです。

あるいは、妄想神社には地上の物理法則は通用しないと言ってもいいかもしれません。

だからあなたが覗きこもうとすれば、身体の位置がどうなっているかなど関係なく、いつのまにか自然に覗きこんでいる――そんな感じです。


最初のうちはぼやけた映像にしか映りませんが、毎日、妄想神社に参拝し、お賽銭をし、絵馬を掛けているうちに、徐々にその願望を達成して喜ぶ未来のあなたの映像がくっきりと見えるようになります。

そうなればしめたものです。それは、あなたの願望が潜在意識に深く定着し、潜在意識があなたの行動を成功へと向けて制御している証なのです。

そういうわけですから、毎日、**参拝の終わりには丸鏡を覗いてみてください。**

ただ、これも鮮明に見える見えないには個人差がありますので、何も見えないからといって、がっかりしないでください。あえて言えば、「見えるような気がする」でも充分なのです。

【ステージ⑩】退出

最後に丸鏡に深々と一礼をしてください。

これで妄想神社の参拝は終わりです。

そこで自然に妄想神社が消え、現実に戻ってもかまいませんし、参道の端を歩き、鳥居をくぐって退出し、そこでまた一礼して参拝を終えてもけっこうです。

また、自由に境内を散歩してみるのもいいでしょう。境内に池があると想像するのも一興です。池には鯉もいますし、水鳥も遊んでいます。散歩によって、毎日の妄想神社への参拝が楽しみになるはずです。

まとめ

これまでなんらかの瞑想法や観想法の経験のある方にとっては、妄想神社への参拝はそれほど難しくないはずです。

ただ、一般の方々にとっては、はじめのうちは少し難しいかもしれません。複雑に感じられるかもしれません。しかし、なにごとも最初から完璧である必要はありません。

妄想しているうちに自然に慣れていきますし、楽しくなっていきます。それ自体もあなたの願望を潜在意識に定着させる、願望実現のための大切な過程なのです。

おさらいしましょう。

妄想神社に祈念する願望は一度にひとつ。実現されるまで焦らず継続して参拝すること。途中で願望を変更したくなったら、数日あいだをおいてから、新しい願望を祈念すること。願望が実現したら必ずお礼参りすること。

その上で忘れてならないのは、

①お賽銭箱に願望を入れること。
②絵馬に願望を書き記すこと。

③最後に陽光できらめく本殿の大鏡（丸鏡）を覗き、そこに映し出される未来の映像を待つこと。

この三つだけ、何であれ行いつづけることが肝心です。

気楽な気持ちで

一度や二度では映像化できないという人は、その絵や写真を持ち歩き、脳内で映像を再現する練習をして下さい。妄想を繰り返すうちに、実際にその神社を訪れているような映像が、徐々に浮かび上がるようになっていきます。

賽銭箱への願望の投入、絵馬への具体的な筆記、神社参拝の情景などもすべて同様です。最初は少し難しくても、映画監督になったつもりで同じことを繰り返しているうちにだんだん要領がつかめてきます。

焦る必要はありません。また、あまり几帳面に考えすぎないようにしてください。映画に複数のカメラがあるように、妄想には無数の視点があります。だから映画のように入れ違いにフェードインしたりフェードアウトしたりするだけではなく、ふと気がつくとシーンがかわっていたということもあります（夢の世界と同様です）。

このように**妄想は自由度が高い世界ですので、あまり厳密に考えすぎるとかえって妄想力を阻害する**ことになりかねません。神社の写真にしても、それは妄想神社の原型をあなたが造形するための雛形だとお考え下さい。

※巻末に「妄想神社参拝・絵コンテ」を載せています。具体的な絵があればイメージしやすくなるので、参考にしてください。

第五章

妄想神社のメカニズム

本章では、妄想神社を構成する主要要素である太陽光線、賽銭箱、絵馬、神鏡などの少し詳しい解説をします。

太陽神の光で願望に命が宿る

日本には古来から八百万《やおよろず》の神々が存在し、全国の神社にはそれぞれに謂《いわ》れがあり、さまざまな神様が祀《まつ》られていますが、妄想神社では太陽神をお祀りしています。

地球上のあらゆる生命は太陽によって育まれます。鉢植え植物を見ていればわかりますが、必ず太陽の方へと葉を向けようとします。本能的に生命が太陽と共にあることを察知しているからです。願望も同じです。太陽の日の光としての輝きがなければ、生命として成長できないのです。成長できなければ花開くこともできません。

あなたの願望にも、太陽神による「光」が届けられて初めて生命が宿り、形として再構成され、徐々に成長して最終的に「成就する願望」へと動き出していくのです。

妄想神社において燦々《さんさん》と降り注ぐ陽光を浴びて、願望ははじめて生命《いのち》を宿します。どのような願望であれ、生命《いのち》を宿すことが出来なければ、それこそ単なる「妄想」だけで終わってしまいます。

ですから、私たち願望成就を願う者は太陽神の偉大なる力を信じるのです。

それでは地上世界で、私たちが毎日見ている太陽が、そのまま太陽神なのでしょうか。

ここは勘違いしやすいのですが、そうではありません。

神社の丸鏡に達した陽光の反射光こそが「太陽神としての光」なのです。

『古事記』によれば、天孫降臨にあたって、アマテラス神はニニギノミコトに鏡を授け、「この鏡を仰ぎ見るにあたっては私を仰ぎ見るようにしなさい」と告げます。ここでは鏡が大事なのであって、太陽そのものを拝め、といっているわけではありません。

日本と同じように、八百万の神が活躍する古代エジプトでも、最高神はラー、ホルス、アトン等と呼ばれた太陽神でしたが、アブシンベル神殿内に陽光が射し込み、暗い内部で太陽神が輝き、その頭上に輝く丸鏡から光が反射する装置が作られました。やはり太陽そのものというより、**鏡に反射した太陽光が大事だったのです。**

ですから妄想神社参拝においては、太陽の光が鳥居をくぐって走り込み、社の丸鏡に吸収され、そこから神々しく生命の光が放射されるイメージが大事なのです。

このような神社の原像は地上では失われてしまいました。多くの神社では丸鏡は本殿の奥深くに鎮座する象徴と化し、実際に太陽の光を反射するような位置には置かれておりません。

しかし、妄想神社では、太陽光を浴びて燦然《さんぜん》と輝くように、丸鏡は神殿の前部に置かれています。イメージする際にはこの点によく留意してください。

なお、鳥居も本来は太陽の光を迎え入れるための装置でした。だからその名残りとして朱色の鳥居が多いのです。鳥居の色はなるべく赤にしましょうというのはそういう意味があるからです。また鳥居を大きくイメージするのも、陽光を迎えるためです。

なぜ賽銭箱に願望をいれるのか？

前章でも述べましたが、妄想神社の賽銭箱は潜在意識が具現化したものです。ですから実は賽銭箱の中に願望を入れ続けると、その願望は黙っていても膨張し、普段は眠っている潜在意識に吸い込まれていきます。

それですぐ実現するわけではありません。

くどいようですが、願望は、潜在意識に一度や二度ばかり届いたからと言って、それですぐ実現するわけではありません。

潜在意識は「過去世に遡るデータ管理室」のようなものです。

新しい情報が入ってきただけでは、意味もなくそれを具体化しませんが、同じような情報が持続的に流入すれば、それを一つに取りまとめ、ラベリングしていく機能があります。

したがって、同じような願いや感情が毎日のように蓄積されていくと、それがどのようなものであれ、意味あるものとして、そこに「一つの形」が形成され、徐々に具体化へと動き出すようになるのです。

①妄想神社の賽銭箱に、叶えたい願望を投げ入れる。

②毎日毎日、何度も何度も同じ願望を投げ入れていく。

③何度も願望を投げ入れていくうちに、優れたデータ管理室である「潜在意識」はその願望をすくいあげ、ラベリング（例：○田○夫さんとの結婚）するようになる。

④そのラベリングされた願望は、一つの形にまとめあげられ、現実世界で具体化するように動き出していく。

妄想神社のシステム図解

なお、イメージ映像に少し慣れてきたら、願望と一緒に「ささやかな悦びや感謝」を賽銭箱に供えるようにすればより効果的です。

忘れてはならない「絵馬」成功の秘訣　文字に書くことの重要性

私たちは誰でも、日々頭の中で言葉を紡《つむ》ぎながら生きています。言葉というものを抜きには生活が出来ません。『聖書』の中にも「はじめに言葉ありき」という表現が出てきます。すべてのモノを形作っていく源は言葉なのです。

日本人は「心の中の言葉」に価値を置きますが、その言葉に生命を与えるためには、実際に言葉を口にして発言すること、さらに文字として言葉を記述することが必要です。それによってはじめて言葉に命が吹き込まれ、生命が宿るのです。

ですから、妄想神社に願望を伝える時には、まず心身から「心の声」としての願望を取り出し、賽銭箱に入れます。次にそれを「文字」として絵馬に記述し、願望に命を宿す必要があるのです。

何度も言いますが、その願望は具体的でわかりやすいことが絶対条件です。抽象的な願望や観念的な願望をいくら絵馬に書いても、神さまも形に出来ません。

「幸せになりますように」とか「明るい毎日が送れますように」というような抽象的な表現では、どんな状態をあなたが望んでいるのかわかりません。

「昔の二人に戻れますように」とか「良い関係が築けますように」というような表現もよくありません。神さまは「昔の二人」がどうだったかを知りません。どうなれば「良い関係」と思えるかもわかりません。

こういう自分しかわからない表現は何百回書いても通じません。神さまには阿吽《あうん》の呼吸や忖度《そんたく》は通じないのです。

絵馬には願望を具体的に記すことですが大切です。具体的に記すことで、願望を再確認され、イメージの定着がどんどん進行するのです。

丸鏡が映す未来の映像

妄想神社の鏡は、通常の鏡ではなく「神の光」を吸収・反射した鏡なので、覗き込めば「自分自身の映像」が映し出されます。

といっても、顔や身体が映し出されるのではなくて、正しくは自分の「心の中」が映し出されるのです。

それも自らの願望や祈願に対して、「潜在意識の中で形成中の未来」が映し出されるのです。

最初、それは実にぼんやりとしたもので、実際には、子宮の中で胎児が動き出す映像のように曖昧な象形でしかありません。最初はそんなものです。

なぜなら未来がまだ固まっていないからです。

未来は「完全に定まっている」ものでも、「完全に未知数なもの」でもありません。

占いで未来が的中するのは、完全ではなくても、ある程度まで定まっている部分があるからです。その一方で宗教的信仰などを介してときどき奇跡が起きるのは、変更できる部分もあるからです。

運命論者と呼ばれる人たちは、生まれた時から死ぬ時まで、人生はすべて決まっていると考えます。すべてが運命として決められているなら、努力も必要なければば祈願も意味がないはずです。しかし、そういう人もいよいよ困れば神仏にすがります。

一方で運命というものを全否定する人たちもいます。そういう人たちに言わせると、定まった運命などなくて、すべては本人の生き方と努力の結果にすぎないことになります。しかし、そんな人でもいざ困れば人知を超えた力を求め神仏にすがります。

日本に数えきれないほどの神社が存在するのは、自分の力だけではどうすることも出来ない願いがたくさん存在したからです。

祈ることで奇跡のように叶えられる願望もたくさん存在したからです。何一つ祈りや願いが叶わないなら、だれがそのような神社に何度も足を運ぶでしょうか。

祈りや願いの何割かは、実際に叶えられたのです。その感謝の気持ちによって、小さな神社がより立派な神社として発展することもあったのです。

未来は「変わる」あるいは「変えられる」可能性を残しながら、現在の延長線上で運命的な要素を組み合わせながら、徐々に明確化していくようにできています。

したがってはじめのうちは、丸鏡に映る潜在意識の中の未来の映像がぼんやりとしているのは当然です。まだまだ不確定要素だらけだからです。

しかし何も見えないからと、そこで通うのを止めてしまえば、願望は永久に具体化することなく、いつのまにか消えてしまいます。

未来の出来事は、徐々に時間をかけて形作られるのがふつうなのです。何も見えないからといって焦ったり、諦める必要はありません。

丸鏡の映像が不鮮明な状態の時ほど、今後において「変更」「差し替え」が可能なので、焦ることなく妄想神社を訪れ、真摯《しんし》に願望実現の祈願を続ければ、その通りになる可能性が高いのです。

それは同時に運命はどうにでもなるが、**未来を「大きく変える」ためには、それなりの時間が必要で、物事を始めるタイミングが重要**であることを意味します。

そういう意味で、奇跡はそれが実現する可能性が「残されている」場合に生じるのであって、最初から可能性のないことを祈願しても結果を変えることはできません。

その指針については、次章の「叶わない願望、叶えにくい願望」を参照してください。

ちなみに、フランスの精神分析学者ラカンは、生後六ヶ月から十六ヶ月の間に、赤ちゃんは**鏡の中の自分の像をみて、それと自分を同一化することで、自我の最初の芽生えを経験する**という学説（鏡像段階説）を提唱しました。

妄想神社の丸鏡を覗くのは、これと似た作用があるとも言えます。

私たちはこの赤ちゃんのように、妄想神社の鏡を覗き、自分の願望に「成長の芽」としての自我を芽生えさせるのです。

自分の願望を意識しながら、鏡を覗きこみ、太陽神の力を借りることで、願望に命をあたえ、「成就する願望」へと成長させていくのです。

なぜ途中で願望を変えてはならないのか？

最初の願いが叶ってからならよいのですが、明らかに中途半端な段階で、願望を変えるのはよくありません。
もしも途中で、どうしても最優先で叶えたい願望が変わってしまった場合は、すこし日にちを空けてから、新たな願望を祈念してください。

いつのまにか、なしくずし的に新たな願望に変えてしまうと、どうしてもその実現には余分な時間を要します。

理由を説明します。

そもそも妄想神社に到達した願望は、ただちに実現のための準備に入るわけではありません。**願望を潜在意識に深く定着させるため、一定の時間が必要なのです。**
それは絵画にも似ています。しっかりとしたデッサンやラフスケッチの上に何度も絵具を塗り重ねていくうちに、立体的で厚みがある作品となるのです。

あなたの願望を表す映像や文字は、賽銭箱に入れたり、絵馬に記すことで、潜在意識にすこしずつ蓄積されていきます。それを何度も行い、層を重ねていくことで、「願望」という作品が完成し、潜在意識に深く定着するのです。

ところが、その日の気分によって願望をころころ変えたり、途中で新たな願望に切り替えてしまうとどうなるでしょう。いったん描き出したカンバスで、大まかな輪郭線の上から新たなラインを引くようなもので、ゴチャゴチャになってしまいます。

もちろん実際のカンバスとちがい、妄想は時間の経過とともに徐々に薄くなり消えていきます。

だからこそ、妄想神社に毎日参拝することが大事なのです。

逆に言うと、どうしても願い事を変更したい場合は、数日間は参拝をやめて、しばらくしてから新たに参拝するのがよいと言えます。

妄想神社重要アイテムの役割

◆太陽光線…太陽神の光によって願望に命が宿る

◆賽銭箱…潜在意識を具現化したもの。日々の願望の投入によって、徐々に潜在意識でラベリングが進む

◆絵馬…文字や絵として絵馬に記述し、願望に命を宿す

◆神鏡（丸鏡）…潜在意識の中で形成中の未来の映像を映し、明確化や変更を促すことによって、徐々に具体的な願望を成就する

第六章

叶わない願望、叶えにくい願望

順序をまちがえた願望は叶わない

イチロー選手がアメリカの大リーグで次々と記録を打ち立てていった時、インタビューで答えた言葉が印象に残っています。彼は「通過点ですから」と答えていたのです。

つまり、彼にはもっと大きな目標があって、それと比較した場合に「一つの通過点に過ぎない」ということを言いたかったのでしょう。彼の発言は妄想神社の活用法に大きなヒントを与えてくれています。

つまり、**壮大な最終目標を用意しながら、身近な願望を次々とクリアしていく、その「順序」が最終目標を実現するためには必要不可欠**だということです。

最初から壮大な最終目標を掲げてはいけません。いや、それでも良いのですが、とりあえずの願望は「そのための第一歩」としての出来事にしてください。

妄想神社は、あくまでも具体的な形として、結実しやすい願望から先に成就させていくからです。

最初から最終目標だけを掲げて、それを唯一の願望としてしまうと、そこに至るまでの道のりが長く、その途中での小さな成果を感じることができなくなってしまいます。そのため、月日が経つにつれ苦しくなって参拝を続けられなくなる可能性が高くなります。途中挫折というのが一番良くありません。

そもそもいくら具体的な願望であっても、現在の状況からあまりにも遠い事柄、条件的に無理な事柄、土台が不可能な事柄は叶いません。

たとえば、四十代後半の派遣社員の方が「アイドルとして活躍したい」と願っても、年齢的に不可能です。

これが二十代であれば話は別です。もし、これまでに歌のコンクールで入賞したとか、映画のチョイ役で出演したとかの経験があれば、さらに可能性は広がります。そういうかすかな経験や可能性が大切なのです。

また「百六十センチの身長を百八十センチに伸ばしてください」という願望にも応えることはできません。成長期の十代半ばならわずかに可能性はありますが、三十代ではどうしようもありません。

大学生が国家試験に向けて日々勉強を重ねながら「合格できますように」と願うことは可能ですが、まだ入試も受けていない高校生が「大学では法科に進み、在学中に司法試験に合格しますように」と願うことは不自然です。

願望そのものが悪いのではなく、願望を実現するための順序を飛び越えてはいけないのです。

まずは「○○大学に受かりますように」というかたちで、一つの願望を実現し、その後に、実際に法学部に進んで勉強し、「司法試験に合格できますように」と願うのが筋道です。

きちんと順序を踏まないと、うまくいくものもうまくいかなくなってしまいます。

頭から「不可能な願望」を祈願するのは失敗の元です。

最初は比較的、現実味のある願望がよいのです。その方が願望実現を早い段階で実感しやすく、実感することで妄想神社への信頼も増すでしょう。

そうして次に、もう少しだけ難しい願望へと、徐々にステップアップしていきましょう。

継続して祈念しない願望は叶わない

順序を飛び越えたり、どだい無茶なものでないかぎり、どのような願望でも叶える妄想神社ですが、**基本的に一度や二度のお参りだけであなたの願いが叶えられるわけではありません。**

願望が潜在意識に深く定着しないからです。妄想世界はそれほど甘くはありません。すぐ気が変わるような軽い願いなら、わざわざ妄想神社まで足を運ぶ必要などないのです。

また通常、私たちの未来は、現在の延長線上に「徐々に形を表していく」ものです。例えば明日の出来事は、すでに九割方できあがっていて、それを一日前の時点で覆《くつがえ》すというのは、ほぼ不可能と言っても良いでしょう。

未来の出来事は近ければ近いほど、実現しつつある確定された状態になってい て、それを変更するのは難しいのです。

何かの製品を製作する場合でも、最初の段階では変更が容易で、完成が近づくほど、困難になるのと同じです。

逆にいえば、その未来が遠ければ遠いほど、いくらでも変更可能です。未来の枠組みは定まっていても、それはあくまで枠組みだからです。

そういう意味でいえば未来はどうにでもなるのであり、最終的にどうなっていくかは誰にもわかりません。

そこで前々から継続して祈念することで、この不確定性を、自らに望ましい方向へと導くわけですが、その実現には一定の期間が必要なのはいうまでもないでしょう。

こうしたことを踏まえた上で、**叶える順序を正しく設定し、妄想神社への参拝を続けて、効率的に願望を潜在意識にすりこんでいくことが大切です。**

一度にあれこれと願う願望は叶わない

すでに述べましたが、基本的に妄想神社での「お願い」は、ひとつと決まっています。

実際の神社でも、絵馬の中にいくつもの願い事を書き並べる人がおられますが、あれはいけません。

複数の願望がある場合は、一つ一つ、順番にクリアしていくようにしてください。妄想神社は一つの願望で繰り返し訪れ参拝することで、願望が潜在意識により早く、より深くすり込まれるようになっていきます。

昔、催眠術で年齢を逆行させていく退行催眠が流行《はや》ったことがありますが、あれも最初から退行催眠を行うわけではありません。はじめは一般的な暗示によって不安を取り除き、暗示にかかりやすい状態にしたうえで、徐々に年齢を退行させて、幼児期の記憶を呼び覚すのです。これに成功すれば思い切って「前世」にまで退行させるようなこともできるのです。

退行催眠は、暗示によって潜在意識に働きかけるという点では、妄想神社と共通するところがあります。ただし、逆行催眠は潜在意識に蓄えられた過去に働きかけるのに対して、妄想神社は潜在意識を未来へと誘導します。

妄想神社は「未来の記憶」を何度も何度も映像化して貯蔵し、その創られた未来に向かって潜在意識が顕在意識に働きかけ、それにふさわしい日々を歩ませようとするものです。

ある意味で、願望を抱く私たちをロボット化し、その道へのレールを敷いてくれるのが潜在意識なのです。

日頃から妄想神社への参拝を繰り返し、そして何度も小さな願望を成就していくことで、潜在意識に願望が定着しやすくなり、難しい願望でも成就させてくれるのです。

過去にこだわる願望は叶いにくい

妄想神社では願望を実現するにあたって、その願いが「前向き」であることが重要です。「後ろ向き」ではいけません。これは善悪の問題ではなく、過去にとらわれることで潜在意識による導きが阻害されるからです。

たとえば、過去に恋愛した相手が忘れられず、もう一度その人と恋人になりたいとします。そのこと自体が悪いわけではありませんが、すでに相手が結婚しているとか、はるか遠方へと転居しているとか、別な相手と恋愛中なのを知っているというような場合、過去と同じ状態で恋愛関係が復活するというのは、土台が無理なわけです。

ただもしも、相手が一度は結婚したが、離婚し現在は独身でいるとか、遠方にいるが時々メールで連絡を取りあっているとか、別な相手と恋愛中だが職場が同じで現在もよく話をする、というような場合なら、かすかな可能性を残しているので前向きと言えます。

そういった条件が何もないのに、過去と同じ状態を求めるのは、前向きとはいえません。つまり**単純に過去に回帰したいといった類いの願いは叶わない**ということです。この点はくれぐれも頭に入れておいて下さい。

トラウマや失敗体験をひきずった願望は叶いにくい

潜在意識には形成中の未来の「映像」も存在していますが、同時に過去の出来事や心情も記憶されています。俗に「脳裏に刻まれる」という表現がありますが、コンピュータの履歴のように消えずに残っているのです。

顕在意識では忘れ去っていても、潜在意識の記憶は消えません。当然のことながら、幼い頃の出来事も残っていて、事柄によってはトラウマとして本人の人生に強い影響を与えていることがあります。

正確に言うとトラウマには二種類あります。本人の自覚的な記憶に残っている、つまり顕在意識としても十分記憶にとどめているトラウマと、潜在意識にのみ残っているトラウマです。

後者の場合、本人にはその記憶がなかったり、あっても非常に断片的です。これは潜在意識が自動的に顕在意識から記憶を抜き取った時におこる現象です。どうして抜き取ってしまったのかというと、意識したままだと本人の精神衛生上、危険だからです。

潜在意識は「火事場の馬鹿力」を発動させるような肉体的な危機だけでなく、精神的な危機を察知した時にも、保護機能を働かせます。

実は**妄想神社で祈願する場合、いちばん邪魔になるのがこの過去のトラウマと失敗体験の残像**です。

決してなにか邪悪な霊や神仏的な力が邪魔をするわけではありません。あなたの願望の実現を邪魔するのはあなた自身の過去なのです。

とくに、初めての願望ではなく、「これまで何度も願ってきた」ことは、叶いにくいケースが少なくありません。それは過去が邪魔をするからです。

より正確にいえば、過去のトラウマや失敗経験が、あなたの潜在意識の保護機能を発動させ、その結果、潜在意識に願望がすり込まれるのを防いだり、潜在意識の導きを邪魔するのです。

願望を実現させるためには、**未来の映像に伴うプラスの感情**が必要です。

しかし、これまで何度もチャレンジして失敗しているような願望には、プラスの感情が伴わず、むしろマイナスの感情が反映されてしまうケースが多いのです。

これでは、どう頑張っても願望は実現できません。映像と感情とが一致しないからです。

たとえば何かのコンテストでグランプリを獲得する願望だったとします。その大会には過去に何度も出場して、入賞できなかったとします。

この場合、グランプリ受賞の映像をリアルに思い描くこと自体は簡単でしょう。誰かがグランプリを受賞する場面を近くで見てきたから想い描きやすいのです。

しかし、その場面には「悔しい」「哀しい」という感情が記憶にまとわりつき、願望とは乖離《かいり》してしまうのです。

他人の不幸をダイレクトに望む願望は叶いにくい

妄想神社は、ことさらに人を不幸に陥れることに対しては拒絶的です。

誰かを不幸にしてほしいとか、誰かに災難が降りかかれば良いとか、誰かを蹴落として成功するとかの邪悪な願望は、受け付けられません。

その種の願望は前向き、つまり未来を志向する限りで有効な潜在意識による導きと矛盾しがちな上、顕在意識にすり込まれている倫理観とも摩擦《まさつ》をおこすからです。

その結果、願望が潜在意識に曲がった形で定着してしまったり、潜在意識が自傷的に発動してしまう可能性があります。

相手が泣き崩れる映像、相手が苦悩する映像を妄想神社に持ち込むと、その映像の感情が潜在意識に沈殿し、自分自身の方がそうなってしまう危険性があるので、くれぐれも気をつけてください。

もちろん、現実は競争社会ですから、あなたの願望が実現すれば不幸になる人はいるでしょう。たとえば、ひとつしかない課長の椅子を同期と争っている場合など、あなたが課長になったら、相手は不幸と感じ恨むかもしれません。

しかし、それは結果論であって、ことさらに人の不幸を願っているわけではないので、もちろんオッケーです。

ただ、その場合でも願望成就の映像としては、ライバルを含めて皆があなたを賞賛している映像が望ましいでしょう。間違っても相手が落胆したり悔しがっている映像を持ち込まないようにしてください。

願望神社の神さまが喜ぶのは、あなたが幸運をつかむイメージ、あなたが成功するイメージなのです。

願望の実現には、時期指定が通用しないことが多い

大学入試や資格試験、スポーツの大会など期間設定に合理的な理由がある場合はいいのですが、自分の人生上の区切りとして、「何歳までに…」とか「何年何月

までに…」「三ヶ月以内に」「母親が元気なうちに」など期間を定めた願望は通用しないことがあります。

区切り方に無理がない場合は希望どおり実現しますが、明らかに不可能な場合、また時期がずれたところで大して問題のない願望に関しては、遅れて成就されるか、形を変えて成就されます。

たとえば、「十月までに就職先が決まりますように」と祈願しても、実際には十月には決まらずに、十二月に決まるというかたちで実現したりします。

このメカニズムを理解しておかないと、妄想神社、ダメじゃないかとばかりに十月でお参りをやめてしまい、そのまま続ければ十二月に成就するはずのものが成就しないということになってしまいます。

ですから、時期設定をするにしても、なるべくゆるい範囲にするのがいいでしょう。

また「卒業までに恋人を作る」という願望が困難な場合は、「卒業までに気さくな異性の友人ができる」というふうに、ハードルを下げたかたちで成就される場合もあります。

また、人にはそれぞれ「運勢のピーク」とでも呼べる時期があり、先天的に開運時期や成功時期の遅い人たちもいます。そういう方達にとって幸運期を早めるのは必ずしも良いことばかりではないという事情もあります。

また、願望の実現は、本人がどんなに先を急いでも、環境との相互作用がなければ実現しません。

「歌がうまくなりたい」「腹筋が割れた身体になりたい」といった本人だけで完結する願望なら話は別ですが、多くの願望には主役である本人以外にも出演者がいて、実現するには物語としてのストーリー展開が必要です。

個人的な潜在意識の導きだけでなく、そこと繫《つな》がる集合的無意識の応援が、どうしても重要になってくる場面もあるでしょう。

そうである以上、周囲の状況とか、ドラマ展開の運びとか、さまざまなものがそろって初めて「願望の舞台」が整うのです。したがって「舞台」が整うまでの時間はどうしても必要です。

逆に願望の実現が早まるケースもあります。

元々は五年後を望んでいたのに、三年半で成就してしまうとか、予定より一年早く前倒しで実現してしまうとかのケースです。

条件さえ整えば、予定より早くても願望を実現させてくれるのが妄想神社です。

こういう場合は、本人の願望達成への意識が強く、その「未来映像」もリアリティがあって、強く感情移入がされていれば、前倒しでの達成も可能になるのです。

例えてみれば、「正月映画」として公開予定だった作品が、予定よりも順調に撮影が進み、編集も早く終わって、本来の公開予定を早めてクリスマス上映となるようなものです。

それとは逆に、「正月映画」として公開予定だった作品の撮影が予定より長引き、編集作業にも手間取って、予定よりも大幅に遅れて公開されるような場合もあります。

投資に関する願望

たとえば、あなたが数年前に買ったA社の株が大きく下落して含み損を抱えていたとします。この場合に「A社の株価が上昇しますように」と願ったとしても叶えられることはまずないでしょう。もし叶ったとしてもそれは偶然なのです。

株価は常に上下していますので、時期を限定するとか、希望株価を設定するとかしないと、その願いに応えようがありませんが、動きの激しい株の場合、一日の内でさえも株価が大きく上下します。しかし先に述べたように、あまり短期間の間に、結果を要求するような願望は、妄想神社に祈願する願望としてふさわしくありません。

さらに本質的には、祈願の仕方が微妙に間違っています。

株価の形成は、本来、あなたという存在とはまったく無関係です。
株価は企業の業績や需給などで形成されます。
あなたが社長か執行役員であれば別ですが、そうでなければ業績をあげられるようにいくら潜在意識にすり込んでも意味はありません。また需給には無数の人々の欲が上下相反する方向で働いていますから、集合的無意識の援助を受けることも難しいのです。

そもそもA社株は今より下落していく可能性もあり、早くに損切りしたほうがいい場合だってあります。そういった判断をできる知識や技法を十分にマスターしているかが重要になってきます。

ですから、このような場合には、「トレーダーとしての腕と判断力が向上していきますように」「株のトレードで年間三百万円以上の収益が得られますように」というふうに願い方そのものを切り替えてください。

これは日経平均の売買やFXなどの売買でも基本的に同様です。「ドル円があがりますように」とか「ETFが値上がりしますように」とか、いくら祈願しても、土台が無理なお願いであることは言うまでもありません。このように妄想神社では何事も祈願の仕方が大事なのです。

やってはいけない七戒

◆順序をまちがえる（結実しやすい願望から先に成就していく）

◆一度であきらめる（気分で変わる不確定な望みは形にならない）

◆一度にあれこれと願う（複数の願望は一つ一つ順番にクリアする）

◆過去にこだわる（過去に回帰したがる願いは叶わない）

◆トラウマや失敗体験をひきずる（プラスの感情が重要）

◆他人の不幸をダイレクトに望む（自らに不幸がはね返る可能性）

◆時期を指定する（周囲の環境に左右されるので、無理は禁物）

第七章

叶えやすい願望

本章では逆に叶えやすい願望について少し掘り下げてみましょう。

先回りして言うと、**自分にとって具体的な映像として妄想しやすい場面や映像であればあるほど、叶えやすい**ということです。

つまり本人の生活に密着していて、そういう妄想をすることが不自然でなければ、感情も導入しやすく、願望を叶える上で、もっとも大きな力となるのです。妄想力は妄想神社を通じて多少鍛えることができますが、比較的、誰でも妄想して成就しやすい願望、願い事というものがあります。それをうまく活用していきましょう。

一人だけで達成できる願望が一番叶えやすい

妄想神社への祈願は、どのようなものでも構わないのですが、妄想のしやすさからいっても一人だけで実現できる願望が一番叶いやすいです。

たとえば、野球やサッカーのようなチームプレイのスポーツの場合、「今年は優勝したい」という願望より、個人成績として「三冠王を取りたい」とか、「ハットトリックを決めたい」という願望の方が良いでしょう。

同じように、自分の働く支店や店舗が「全国で一位となる」願望より、自分の営業成績がその支店や店舗で「トップとなる」願望の方が叶えられやすいと言えるでしょう。

この部分は勘違いしやすいところで、あとで述べるように、あなたの願望に対する想いは、あなただけが願うより集合的無意識で繋がっている多くの人たちも一緒の方が良いのです。けれども願望そのものは、一人だけで達成できる願望でないと難しいということです。

チームやグループ、企業が集団としてその願望を実現したい場合は、その構成員全員が祈願することが必要になってきますが、それは実際には難しく、**集団や組織としての願望よりも、個人としての願望の方が実現しやすい**のです。

どうしても集団単位の願望を叶えたい時は、あなた個人の願望の実現が、結果としてその集団の願望の実現につながるように、願い方を工夫しましょう。

「未来を創る」という作業が、単独の方が成功しやすいのは、例えば漫画や小説でも登場人物の少ない方が、描きやすいのと同様です。たくさんの登場人物がでてくると、どうしても複雑になり、妄想としての「未来の映像」をイメージしにくくなってしまいます。

感情をこめて映像化できる願望は叶えやすい

願望を成就させるのにもっとも効果的なのは「未来の先取り」です。未来の先取りとは願望が実現できた状態を、今のうちに体験してしまうことです。ここで重要なのが鮮明な映像と、それにともなう感情移入です。

私がまだ幼い頃は、学校でも地域でも、よく映写機を使ったフィルム映像を見せられました。映画館で観る映画に比べて、少し動きが不自然で画像も不鮮明でしたが、まだ家庭にＴＶが十分に普及していない時代でしたので、それはそれで楽しかったのを憶えています。

この家庭用の映写機を使ったフィルム映像は、見る角度や位置によってぼやけたり、白黒で判別しにくかったりしたものです。そういう部分は想像力が補ってくれました。初期のテレビにしても、映像は今ほど鮮明ではなく、白黒画面で四隅の部分を欠いていて、時々画像が乱れ、映らないなどの現象がよく起こりました。

けれども、そういう画像でありながら、いやむしろそういう画像だから、記憶としては鮮明なのです。

私たちはふだんの生活でもそうですが、細かな部分まで鮮明に見ているかというと、実はあまり見ていません。繰り返し何度も見るものは別ですが、たまにしか見ないもの、初めて見るものは、何となくの観察です。

特に、自分にとって「どうでも良い部分」はアッサリとした観察しかしません。それは丁度レンズのピントが合わない、ぼんやりとした写真のようなものです。これは「過去の記憶」にしてもそうです。ほとんどの人達は、自分が体験した過去の一場面を鮮明に再現することが出来ません。記憶に強く残っているのは、その象徴的な一部分です。

実際の体験ですらそうなのですから、未来の鮮明な映像といっても難しい話です。けれども、考えようによっては、もし鮮明化できれば、確実にそれが実現してきそうではありませんか。

ここでヒントになるのは過去です。過去の記憶を振り返る際、細部の映像はぼやけていても、その時の感情や感覚は比較的鮮明に残っているものです。時には、それに伴う形で言葉や会話が印象に残っている場合もあります。

このシステムは過去も未来も基本的に変わりません。ですから**これまでに体験した過去の出来事と同じような感覚で未来の出来事を映像化できれば、それは実現していく可能性が強い**のです。

したがって**細部にわたる鮮明な映像よりも、その時の感情や感覚を伴った印象的な映像を未来の記憶として残すことができれば、黙っていても願望は実現します。**

感情を伴った映像として残すためには、その場面を実在視しなければなりません。それは俳優が演ずる人物になりきり、大粒の涙を流すようなものです。役柄として、その作中人物になりきらなければ、大粒の涙は出て来ません。

そして、そういう演技は、最初から演技だとわかっているのに観客を惹《ひ》きつけ、時には泣かせることができます。上質な映画や演劇とはそういうものです。

私たちは最初から「だまされる」ことを承知で、そのドラマの作中人物と俳優とを重ね合わせているのです。もともと私たちには、そういう本能があるのです。

この「共感性の原理」こそ、願望を実現していくシステムです。

私たちの潜在意識は、映像が記憶に貯蔵され、特に、感情を伴う形で徐々に鮮明化していくと、それを顕在意識の方に働きかけて実現しようとする機能が宿っているのです。

もともとは顕在意識の方から働きかけた願望が、潜在意識から働きかけられるように変わるのです。

周りの反応が具体的に予測できる願望は叶えやすい

これまで述べてきたように、私たちは映画やテレビドラマを見て、それが芝居、つまりフェイクだとわかっていても、感情移入して幸せな気持ちになったり泣いたりすることがあります。実際には自分自身はなにも体験していないのに、あたかも体験したかのような気持ちになります。

もし、俳優の演技力が乏しくて、絵空事にしか思えなければ、いくら感動的な内容のドラマであっても、観ている私たちは感情移入が出来ず、泣くことも幸せに感じることもありません。

私たちは感情移入することが出来た時、つまり、自分自身に実際起きたことのように錯覚したときに、感動して幸せな気持ちになったり泣き出すように出来ているのです。そして、それが自分自身の体験ではないのに、あたかも体験したかのような感動を後々まで記憶するのです。

潜在意識に願望を繰り返し映像化して記憶させる場合、この感情が伴っているのと、伴っていないのとでは、妄想神社としての御利益がぜんぜん違ってきます。感情を伴った映像は、私たちの記憶や印象に深く刻まれ、よほどのことがなければ忘れないのです。

しかも、特に涙を流すほど感情移入をしたシーンというのは、いつまでも記憶に残ります。忘れようとしても、中々忘れられないものです。

それは、自分自身が実際に体験した出来事ではないのに、まるで体験したかのように潜在意識に記録されているからです。

未来の記憶をそのようにしてしまえばしめたものです。いやでも潜在意識があなたの行動をコントロールして願望成功への道を歩ませてくれるからです。

しかし、映画やドラマは主役だけで進行するわけではありません。まわりの人たちの反応やリアクションがあって物語は進行します。

ですから、あなたの願望達成のための努力や行動、生活に対して、まわりの人たちがどう反応するかを知っていれば、途中経過を映像化しやすいことになります。また願望が達成された時に、まわりの人たちがどう反応するか、それぞれの人たちの反応が予測できれば、未来映像もより具体的でリアルなものになります。

願望が実現したときの未来の映像は、まわりの人たちの反応をリアルに描くことが出来るかどうかが重要なのです。それらがリアルに描けるほど、未来の映像は鮮明なものとなり、今後の願望現実の中で具体化されやすいものとなります。

そういう意味では、まわりの人たちの自分に対する日頃の反応を観察しておくことは、とても重要です。

「理想とする人物」が身近にいる願望は叶えやすい

若くして社会的に成功する人の多くは、自分が「なりたいと思っている理想像」を持っています。

たとえば、自分が毎日のように見ているアイドル、タレント、スポーツ選手。それもたいてい、子供のころから憧《あこが》れを抱いているような人物です。

時として、それは科学者とか、政治家とか、小説家とか、漫画家とか、マジシャンとか、占い師とか、格闘家とか、舞踏家とか、漫才師とか、アナウンサーとか、映画監督とか、起業家とか…。

要するに何でも良いのです。「自分の未来に重ね合わせられる理想像」ならば、そして、その姿を直接でも、TVでも、雑誌でも、新聞でも、SNS上でも、見聞きすることができれば…。

もし、父親や母親、兄姉などの身内が理想像なら、何の苦労もいりません。身近な相手ほど、自分の未来を重ね合わせやすいからです。

例えば、自分の父親が外科医だったとします。そして、その父親の姿に憧れ、「父親のような有能な外科医になりたい」と願っていたら、その願望は容易に達成されます。

毎日、その日常に接しているので、どういう学校に進んで、どういう勉強をし、どういう生活をすればいいのか、願望達成の道筋も具体的にイメージできるからです。願望達成後の自分の映像もイメージしやすく、極端な話、父親の姿の「首から上だけ」を自分に置き換えれば済みますね。

父親が野球選手とかプロレスラーであれば、もっと鮮明にイメージできるでしょう。実際に父親の職場や仕事を見ることができるからです。これほど潜在意識にとって有効な手段はありません。

ですから、皆さんも願望実現のために、身近に理想とする人物を見つけて交流したり、それが無理なら映画やドラマや漫画でもいいので、自分の未来と重ねあわせることができるキャラクターを見つけ、その映像を何度も見れば、未来の映像化の助けになるでしょう。

現実から飛躍し過ぎた願望でも大丈夫

ここまで読んで、現実の生活から飛躍し過ぎた願望は叶わないのでは、と思う方がいるかもしれません。決してそうではありません。

「過去に戻りたい」といったような土台、不可能な願望でもない限り、現実から飛躍した願望でも構わないのです。

ただし、**その願望が飛躍していればいるほど、妄想力の豊かさを必要**とします。なぜなら、願望成就に最も必要なのは、「リアリティある映像」だからです。同じ妄想でも、茫洋とした妄想では具体化できないからです。

また妄想には繰り返しの「焼き付け」も必要です。

大昔、念写実験というのが流行しましたが、ここでいう焼き付けとは、それとほぼ同じです。繰り返し未来というフィルムに、妄想（思念）を映像化して焼き付けるわけです。

要するに、あなた自身が映画監督であり、脚本家であり、役者でもあるのです。ちょうど映画監督が役者の演技に対して、何度もやり直しを命じて、リアリティあるベストな映像を追い求めるように、毎日の妄想の中で、同じ映像の中でベストな映像を求め続けるのです。

飛躍した妄想ほどこのワークが必要になります。

そうすることで、最初はぼやけていた映像がしだいに判然として、リアリティのあるものに変わり、願望の実現にふさわしい場面へと昇華していくのです。

そういう妄想が出来れば、どんなに現実から遊離している願望でもかまいません。**役者としてのあなたが未来を妄想した映像の中で感情移入した名演技を見せ、最高のリアリティをもたらすことが出来れば、それは実際の出来事として必ず具現化していきます。**

何度も同じことを映像化しているうちに、潜在意識には現実と幻想の区別がつけられなくなるからです。この潜在意識の習性こそ、妄想神社の「最高の武器」です。繰り返し映像を送り込むことで、いつの間にか未来の出来事としての認識が、潜在意識に宿ります。

したがって、「ベンチャー企業の社長になる」という願望を実現したい場合、今現在はただの会社員であっても一向にかまいません。ベンチャー企業の社長らしい雰囲気を学び、妄想に生かせば良いのです。また、実際にそうなった時、どういう生活をしているか、鮮明に映像化できれば良いのです。

「願望の実現」には、妄想力の優劣が大きく関係している

どんな願望にせよ、本当に願望が叶えられるか、幻のままで終わってしまうかは、

最終的には、その人の妄想力に左右されます。

その人の妄想力が優れていて、あたかも現実であるかのような意識で未来の映像を展開できれば、それは必ず実現されるし、終始、今一つ感情移入ができないまま、絵空事に思いながら続けていた場合は実現しないでしょう。

妄想力そのものは、生まれついての素質である部分も大きく、黙っていても妄想が次から次へと展開していく人もいれば、意識して考えなければ一歩も進まない人もいると思います。

もちろん妄想力を鍛えて強化することは、才能とは関係なしに誰でも可能です。本書の妄想神社の参拝法は、願望を実現するためであると同時に、それ自体が妄想力を鍛える訓練にもなるようにプログラミングされています。

ただこういうものは、あまり堅苦しく考えすぎるとうまくいかないもので、子供時代に戻ったと思って気軽に行うことが重要です。緊張しての妄想は、結局、妄想ではなくなってしまうからです。

子供時代は誰でも、日常の中でちょっとした妄想をするのがふつうで、大人になるにしたがい、徐々に現実中心の生活に変わっていきます。大人の社会ではそうでなければ都合が悪いからですが、そういう意味では、妄想神社に毎日参拝することは童心にかえる行為だといえるかもしれません。

実際、子供たちの方が無理なく願望を夢想することが出来ます。多くの場合、子供たちは、教えなくても願望祈願を無意識に行っています。

妄想世界に遊ぶことが多い子供時代は、本能的に未来を楽しく空想するものです。スポーツの世界などで、子供時代に作文に書いていたことが大人になってそのまま実現している人がいますが、それは無意識に毎日、願望祈願を妄想の中で行っていたからです。

つまり無意識に妄想神社ごっこをしていたのです。

多くの子供たちは成長するにつれ妄想から遠ざかってしまいますが、それを大人になるまで続けていた人が、もしくは大人になっても薄れぬほど、潜在意識に願望を強く刷り込ませた人が、子供の頃の大きな夢をそのまま叶えるのです。

もう一つ、子供の頃の未来映像には「邪念」が入りません。

大人の場合には、同じように未来の映像を妄想しても、どこかに「邪念」が入ってしまいやすいのです。

「邪念」というのは、例えば「こんなことをして何になるんだろう」とか、「もっともっと嬉しさを込めなければ…」とか、「本当に実現できるだろうか」といった気持ちです。

大人なので、これらの気持ちが入るのは、ある意味で当然です。

当然なのですが、「邪念」が強すぎると潜在意識には送り込まれません。せっかくの妄想が顕在意識へと押し戻されてしまうのです。

「邪念」のない未来映像は潜在意識へと繰り返し送り込まれて、「未来の出来事」として記憶されていくのです。

潜在意識は時間の観念が希薄なので、それが過去なのか、それとも未来なのか、判然としていないのです。

願望を叶えるためのポイント

◆一人だけで達成させる（未来を創る作業は単独の方が成功しやすい）
◆感情をこめて映像化する（感情移入が鮮明な画像を可能にする）
◆周りの反応を具体化する（具体的なリアリティが加わるとよい）
◆理想とする人物を重ねる（理想像に自分の未来を重ね合わす）
◆妄想力を強くする（繰り返しの参拝が妄想力を強化する）
◆現実から飛躍し過ぎた願望でも大丈夫（気長にかかれば成就）

第八章

妄想神社を活用するコツ

ここまで妄想神社で願望を実現する方法について、さまざまな指南をしてきました。ここからは更に細かく、妄想神社を活用するコツを説明したいと思います。いわば応用編なので、読み飛ばして頂いてもかまいません。

形式より真摯な気持ちが大事

本書に述べた妄想神社参拝法は厳密にテキスト化されたものではなく、妄想神社に存在する神さまに祈念し、願望を潜在意識に深く定着させるための方法論です。

ですから、自分で行いやすい方法、継続しやすい方法、無理のない方法で行えば良いのです。あまり、難しく考えすぎると、結局、本は読んだけど実践しなかった…で終わってしまいます。

そうならないためにも、まずは自分なりの方法で試してみることです。

ところが、このように言うと、必ず根本的な部分で、間違ったやり方をする人が出て来ます。例えば一分だけ目を閉じて、「妄想神社に行って絵馬を書いてきました」というような人です。

妄想世界の中で行うからと、途中の行程を何もかも省いてよいわけではありません。

こういうものは気持ちの部分が重要で、自分の不足している部分を神さまに補ってもらう意味での、祈願・参拝であることを忘れてはなりません。

真摯な気持ちで行わなければ神聖な行為としての「願望祈願」は成就しません。半信半疑でもけっこうですが、遊び半分だったり、いい加減な気持ちでお参りしても意味がありません。

これは現実の神社参拝でも同じことです。神社に詣でる多くの人はなにか確固たる信心があるわけではありません。

そこに神が絶対に存在すると確信しているわけでもありません。半信半疑のまま手をあわせている方がほとんどでしょう。

しかし、だからといって遊び半分にお参りする人はいませんね。手をあわせる瞬間は真剣に祈願しているはずです。

そして半信半疑でも真剣に祈ろうとすれば、やはり作法が気になるはずなのです。でも、それで多少間違ったからといって真摯な気持ちさえあれば、神さまに礼を失したことにはなりません。それと同じことです。

ですから、なるべくなら第四章に示された手順通りにやろうと最初のうち努力して頂くことは大切です。

ことに地上の神社とはちがって、妄想神社の賽銭箱、絵馬、丸鏡には深層意識へと通ずる、ある種の魔法、いわばトリックが隠されているのです。

でも、それらの本質的な意味と機能さえちゃんと理解していれば、自分なりのイメージを大切にして、自分なりの「祈り方」でよいのです。

それと、最初は誰でもつたなくて当たり前です。多少、順序など間違えても、妄想神社に存在する神さまへの祈念、そして願望実現への思いさえ強ければ、効果は十分あるのです。

多少方法的には間違えても、真摯な気持ちで神さまに祈念することが大事なのです。

ですから妄想する姿勢は、寝ころんでいようと、胡坐をかいていようと、誰かの腕枕であろうと、あなたにとってリラックスしやすい状態でかまいませんが、妄想の中ではきちんと歩いて神社を訪れる妄想でなければいけません。

そうでなければ神さまに願いが届きません。きちんと神社へ出向いて、きちんと手を合わせて、きちんと頭を下げてこそ願いは通ずるのです。

いい加減に行うといい加減の結果でしか返ってこないというのが妄想神社の特徴です。

気持ちがこもらず形だけだと、「書いてある通りにやったけど願いが叶わなかった」などと、後から不平を言うような人が必ず出てきます。

そういう人は、最初から最後まできちんと読んでいないし、書いてある通りにもやっていないのです。

たとえば、ページをペラペラとめくっていって勝手にわかったような気になり、妄想も三日間ほど行ってバカバカしくなり、それでやめてしまったとします。もし、あなた自身が「神」であれば、そのような人の願望を叶えてあげようと思うでしょうか？

私はこれまで妄想神社以外にも、さまざまな祈願法や呪術を請われるまま教えていた時期がありますが、祈願を好まれる方の中には、えてして根気に乏しい方がおられます。その効果を疑ってかかる方もおられます。苦しい時の神頼みといいますから、仕方がない部分もあるとは思います。しかしそれでは効果を得られないのです。

昔、ある方に「別離と堕胎の苦しみから逃れる方法を教えて欲しい」と懇願されたので、般若心経を二十一日間続けて写経する方法を教えました。ところが、その方から送られてきた写経のあまりに雑な殴り書きに驚いたことがあります。

いやいや書いたこと、義務感で行ったことが、あからさまに伝わるのです。これでは写経の意味が失われます。般若心経は、心を鎮《しず》めるのにふさわしいお経ですが、殴り書きで鎮まるわけがありません。

ただ、私から指示された義務は果たした、そうすれば苦境から脱出できるのだ、とこの方は思っていたのです。けれども、それは違います。**「義務」として形式だ**

けなぞっても、心霊世界では通用しません。真摯な気持ちが文字に含まれていないからです。

同じことが妄想神社についても言えます。

くどいようですが、真摯な心の入らないお参りは、何度行っても効果はありません。

「願望」は私の願望ではなく、あなたの「願望」です。あなたの気持ちが込められていないと、それは「真の願望」にはなりません。

前にも述べたように、あまり必死の思いを込めすぎるのも逆効果を招くことがありますが、逆に気持ちが入っていないと、それはそれで空中分解してしまいます。形だけでは、神様のところまで届かないのです。

まだまだ妄想神社の情景も鮮明ではなく、絵馬もちゃんと書けたのか自信がない。最初はそんな感じかもしれません。それでも祈念する真心があれば妄想神社の神さまは力を貸してくれます。

楽しい気持ちで参拝しよう

誰でも、自分の好きなことは毎日のようにやろうとするものです。妄想神社への毎日の祈願も、好ましい結果を招くためには、自ら進んで行う行為でなければなりません。

大好きなゲームやスポーツは、誰に命令されなくても毎日やりますよね。妄想神社への参拝がそれと同じくらい楽しみになれば、もう願望は叶ったも同然と言ってよいでしょう。

毎日、同じ時刻とか、同じ状態とか、同じ妄想順序とか、義務感のような意識で行うと、かえってうまくいきません。時間や順序など、多少ちがっていてもよいのです。

イラストレーター、デザイナーなどアート系職業の方は、無意識のうちに完成された作品の映像をつねに脳内でイメージしているので、すーっと妄想神社の世界に入っていけるでしょう。

しかし、日頃から妄想と縁のない生活を送っている多くの方は、最初はなかなかうまく妄想を映像化できず、楽しさを味わうどころではないかもしれません。

そういう方は、えてして妄想というものを仰々《ぎょうぎょう》しく堅苦しくとらえがちです。

そもそも、妄想となじみのない人はいません。ふだん何かを考えているときには脳裏に映像があるはずです。口に出さなくても「おいしいケーキを食べたいなあ」と心の中で思った瞬間、あなたの脳裏にはあなたの好きなケーキやお店の映像が点滅しているはずです。

さきほどゲームの例えを言いましたが、さあ、今日もゲームをやろうと思った瞬間、あなたの脳裏には昨日クリアしたゲームの画面が浮かんでいるはずです。

妄想の原点はそこなので、堅苦しく考えずに、楽しい気分の中で妄想するようにしましょう。リラックスした気持ちの中、理屈であれこれ考えるのではなく、感覚的に次々と映像化していくことが大切です。

最初はそんなに鮮明ではない、ぼんやりとした映像でもかまいません。参拝の途中でそのまま寝てしまってもかまいません。不安や迷いがあっても当然です。そういった感情は、妄想神社に毎日通い、参拝を習慣化するうちに、徐々に消えていきます。ですから止めてしまった方がよいなどと思う必要はありません。

何でもそうですが、100％の自信を持って物事を行える人などいません。そもそも、そういう人は妄想神社など利用しなくてもよいのです。

地上の神社にしても、99％の自信があっても、最後の1％は不安がよぎるから参拝するのです。また、そういう人でなければ、神様は集合的無意識の応援をとりなしてくれません。

神様というのは、人間としての「弱さ」とか「脆《もろ》さ」を垣間《かいま》見る時に手助けしようとするものです。だから弱さや脆さは、むしろ神様が後押したくなる長所なのだと思ってください。

妄想というのは不思議なもので、いちど見えてしまえば、楽しくなります。

ですから日々の参拝が楽しくなるように、参考にあげた俯瞰《ふかん》図を参照に、参道の両側にはせせらぎを流したり、途中に橋をかけたり、境内に池を造ったりするように工夫してみましょう。

哀しい想いの時には妄想神社に行かない

楽しい気持ちで参拝するのが妄想神社のコツといいましたが、人間ですので、たとえ参拝に慣れようが、慣れまいが、どうしても楽しい気持ちになれないこともあります。

たとえば何かしら「哀しい出来事」や「悔しい出来事」があった時です。

このような時は、妄想神社に行くのを控えたほうがよいでしょう。これは現実の神社でも同じことが言えますが、あまりに哀しい出来事や悔しい出来事があって、ひどく落ち込んだり、感情や気分が塞《ふさ》ぎこんでいるような時には、無理にお参りすべきではありません。

仮に、神社の鳥居の前までいってみて、とても平静ではいられないような時には、そこで引き返した方がよいのです。

なぜなら、その荒れて落ち込んだ感情や苛立《いらだ》ちを、そのまま神様にぶつけることになりがちだからです。これでは祈願は成立しません。

祈りは、ごく普通の状態の時がよいのです。

人間は特別に哀しい出来事があると、通常はその気持ちを一日中引き摺《ず》っているものです。妄想神社に出掛けたからといって、その気分が大きく転換するわけではありません。

それが普通の人間です。ただ、一夜を過ごして朝を迎えると、程度の差はあれ、夕べまでの感情は薄れているものです。基本的に、哀しみは時間の経過と共に癒《いや》されるようにできているからです。

何でもそうですが、気分のよくない時に行っても効果は上がりません。ましてや妄想神社は精神的なものが大きく関係する神社です。無理をしても何にも得られません。

それより気分転換をして、きちんと神様に向き合える状態になりましょう。毎日続けることは大切ですが、それにもまして重要なのは祈願にふさわしい心の状態で行うことです。

願望を抱くのに大事な「ささやかな悦び」

願望は、未来に対して希望を抱くときに誕生します。

希望のないところでは願望をもつことができません。そこにあるのは絶望とか嘆きとか後悔だけです。未来を絶望視しているのに願望を思い描くというのは矛盾した行為なのです。

すでに希望がある、明るい気持ちでいるという人はそのままで良いのですが、そうでない人は希望に灯をともすため、ささやかな悦《よろこ》びを見つける必要があります。

これができないと、どんなに願望を抱いても、どこかで最初から諦めてしまっているうわべだけの願いになります。当然、願望を潜在意識にすり込むこともできません。

この場合のささやかな悦びとは、本当に「ささやか」でよいのです。むしろ、ささやかなものの方がよいのです。例えば「今日は朝の眼覚めがよかった」「窓から見えた風景がとってもきれいだった」「あの店員さんが親切だった」「気に入った歌を見つけた」「雑誌の中で新しい情報を得た」「昼食がおいしかった」など、何でも良いのです。

なぜささやかな方がよいのかというと、理由は二つあって、ひとつはどんな状況でも見つけられるからです。不遇な状況でも、ささやかな悦びであれば捜し出すことができます。もうひとつは、自分の生活を肯定的に捉える気持ちが大切だからです。

どうしても不遇な時とか、物事がうまくいっていない時には、自分の生活を否定的に捉える気持ちが強まりやすいものです。

そうなってしまうと、妄想神社に通うことに対しても懐疑的な気持ちが強まり、義務的にいやいや続けることになりがちです。当然、これではうまくいきません。

あるいは逆に必死に続けてしまう場合もあります。これもよくありません。前にも述べたように、必死過ぎると潜在意識に願望を届けにくくなるからです。

日常の中にささやかな悦びを見いだし、リラックスした気持ちで、妄想神社に通いましょう。

妄想神社には、家族や友達と一緒に行ってはいけない

地元の神社に家族で初詣に行ったり、有名な神社にカップルでお参りすることがよくあります。その延長線上で、妄想神社にお参りするのに、家族や友人や恋人と連れだっていくイメージをする方もいます。

「家族の願いは同じなので、一緒にお参りし、絵馬を書くようにイメージしてもよいですか」と訊《き》かれることがありますが、家族や友人と一緒に参拝することは、

映像化が複雑になるのでよくありません。

妄想は余分なところに神経を使うと映像の鮮明度が落ちてしまいます。余分なエネルギーを使わず、一人で参拝し、一人でしっかりと絵馬に文字を書きましょう。

同じ理由で恋人と一緒にお参りするのも、基本的にはお勧めできません。

妄想なのだから、一人も二人も同じだろうと思われるかもしれません。けれども、どんなに親しい人物でも、わたしたちはその人物になりきることはできません。妄想神社で必要としているのは、リアリティのある祈願や願望です。そのためには一人の方が行いやすく、継続性もあります。

もちろん、願望の映像化の中で、成功したあなたが家族に祝福されたり、恋人とリゾートで優雅にくつろいでいる情景を思い描いたりすることは問題ありません。

すでに述べたとおり、**周囲の人々の反応を具体的に妄想することは、願望を実現するにあたり、むしろプラスに働きます。**

妄想神社への参拝は秘密にする

あなたが妄想神社に参拝していることは、周囲の人には秘密にしておきましょう。正確にいえば、あなたを心から信頼している方であれば、そして心から理解している方であれば、話しても良いのですが、それ以外の方には話すべきではありません。

頭ごなしに否定されたり、嘲笑《ちょうしょう》されないという保証はありません。それがあなたの心の片隅に沈殿し、次に妄想神社へと向かうときについつい出てきてしまいます。すると不安感が生まれ、願望を潜在意識にすりこむ邪魔になります。

妄想神社は懐疑的な人にまで信じ込ませようとするような宗教ではありません。ですから布教する必要はありません。

あくまでも**願望を潜在意識にすりこみ、集合的無意識にまで届けることで、その実現をはかる、一種の自己催眠の技法**なのです。

私たちが、そこに入り込みやすいように便宜的に「妄想神社」と呼ぶ存在も、そこに存在する神さまも、超自然的な形で実在しています。しかしそれは現代科学がいうところの物理的な意味では存在しません。

その点では妄想神社は「仮想神社」です。仮想通貨と同じです。信じる人たちだけに存在する神社です。しかし、仮想通貨はそれを信じる人たち、それを扱うお店、あるいはそれに投資する人たちによって価値が維持され高められています。

同じように妄想神社も、それを信じる人たちによって存在を承認され、それを信じる人たちによって参拝され、それを信じる人たちの願望を成就するように作用します。

人によっては「アホか！」と決めつけるかもしれません。「縁なき衆生《しゅじょう》」という言葉があります。人がどう考えようと良いではないですか。私たちは願望を叶えてもらえればそれでじゅうぶんなのです。

人間が努力だけで、あるいは才能だけで、どのような願望でも叶えることができると信じる人は妄想神社に近づいてはいけません。努力だけでは、才能だけでは、叶わない願望もあるということを知っている方だけが参拝すればよいのです。

妄想神社を活用するコツ

◆形式にこだわらず、真摯な気持ちでのぞむ
◆堅苦しく考えず、楽しい気持ちで参拝しよう
◆哀しい想いの時には、妄想神社に行ってはいけない
◆日常のささやかな悦びを見つけるとよい
◆妄想神社には、家族や友達と一緒に行ってはいけない
◆妄想神社への参拝は秘密にする

第九章

妄想神社で願望を叶えたら…

しばらく妄想神社に参拝を続けていると、嬉《うれ》しい事がおきたけど、それが思い描いていた願望の実現と微妙に違うので、祈念がうまくいったのかどうかわからないという場合もあると思います。あるいは願望を叶えた後はどうすれば、という方もおられるでしょう。詳しくみていきましょう。

願望の実現には、しばしば「代用品」が使用される

繰り返し妄想した未来の映像が実現する場合、その映像のすべてが現実になるとは限りません。ここが重要なところで、妄想神社が願望を実現させていく場合、映像化した形が必ず百％現実になるのではありません。

願望には、物理的に無理な願望もあります。たとえば「十年前に戻れますように…」とどんなに願っても、それを叶えてあげることはできません。「身長があと

十センチ伸びますように…」と願っても、十代ならともかく、三十代では不可能に近いでしょう。

こういった物理的に不可能な願望が実現することはありませんが、常識的には不可能な願望――相手がすでに別の人と結婚し遠方にいるのに「元彼と復縁できますように」とか、四十五歳で非正規社員の人が「貯金残高が一億円になりますように」など――の場合は、まったく実現しないかというと、そうとばかりは言い切れません。

願望そのままの実現は難しいですが、やや変形させる形で実現したり、あるいは「代用品」を使った形で実現される場合もあります。

意外なほど多い「変形」や「代用品」による願望実現

実は、この「変形」や「代用品」による願望達成が意外なほど多いのです、これは妄想神社としては最高の力添えを施しているケースが多く、それが現状のあなたに寄り添う精いっぱいの身代わりであることを暗に示唆しています。

よく「自分の願望と少し違う」と文句をいう人がいるのですが、それは心得違いです。神さまに感謝し、妄想神社に必ずお礼参りをするように心がけてください。それは神さまの身になって考えればわかると思います。

たとえば、あなたのお子さんが特定のおもちゃを欲しがったとします。ところが、そのおもちゃが既に発売中止や製造停止となっているような場合、あなたは子供に対して、どう対応するでしょうか?

もし、あなたが子供の望みを叶えてあげようとするなら、何らかの代用品を与えようとするでしょう。欲しがっていたものと似たものを見つけ出そうとするでしょう。それが親心です。

基本的には妄想神社が与える「代用品」も、これと同じことです。

別れた恋人との復活が無理なら、別れた恋人に似た人を出現させようとするでしょう。それによって、昔と同じような恋愛体験が可能となり、願望は満たされるからです。

「預金が一億円を超えますように…」という願望なら、その人の仕事や収入に見合った形での増額方法や副収入や投資の方法を授けることでしょう。

よほど特殊な仕事をしているとか、事業を経営している場合は別として、通常の会社員や、ましてや非正規職で一億円の願望は土台が不可能ですが、それでも、その人に見合った預金額であれば、与えてあげることが可能です。

一億円が一千万円、あるいは三百万円に留まるかもしれませんが、その人の生活にとっては満足いく額のはずです。そして一千万円の預金額を実現すれば、次はもうワンランク上の未来を実現する「芽」を得られます。それは一千五百万円かも、二千万円かもしれません。

そもそも人間には、それぞれその人に見合った世界というものがあり、それにふさわしい形を実現できれば、十分に満足感を得られます。

一千万円でも満足の得られる方もいれば、十億円とか百億円でも、満足の得られない方もいるということです。そして世の中、口では億万長者になりたいという人が多いのですが、実際には前者のような運の人がほとんどです。

そういう人が妄想神社を通じて、心の底からの願望として潜在意識に刷りこめるのは、結果的にその日常感覚に相応の金額となるのです。

これはお金だけではありませんが、それぞれ人にはその人にふさわしい「器」というものがあります。たとえば事業家で、従業員を一万名抱えている人もいれば、四〜五人の従業員を使って仕事をしている方もいます。たくさんの従業員を抱えれば、それに応じた問題や悩みも抱えることになります。一概に数が多いから良いとも言えないし、少ないから楽とも言えません。

ある意味、願望というのは、自分の幸せの感覚に照応し、最終的に、本人に「見合った形」で実現するようにできているのです。

しかしまた、そういう人であっても、小さな願望を積み重ね次々に実現していけば、徐々に人間的にも大きくなっていくのです。

願望達成時には、妄想神社に必ず「お礼」を言いに行く

実際に願望が実現したなら、妄想の中で「お礼参り」に行きましょう。

お礼参りには、二つの意味合いがあります。その一つは心からの感謝です。

誰でも、物をもらったならお礼を述べます。ましてや自分が最も望んでいた願望を達成させていただいたのです。お礼を言いに行くのは当然のことです。

ところが、人間というのは不遜なもので、願望成就の祈願を行っている間は謙虚なのですが、それが達成されてしまうと、自分の実力や自然な成り行きだったのではないか、と思ったりするのです。とくに傲慢な人ではなくても、人間というのはそういう風に勘違いをしやすい性質を持っているのです。

しかし、もし、あなたが誰かの願望達成に協力したのに、その人が挨拶もしないで去って行ったらどう思うでしょう?

手伝ってもらったなら、挨拶し感謝を捧げるのは当然です。

お礼参りのもう一つの目的は、神さまとの縁をしっかりと繋《つな》いでおくことです。お礼参りで縁を繋いでおけば、また何か祈願する必要が生じた時に願望を成就してもらいやすくなります。

仮にあなたが神さまだったとして、願望を実現させてあげたのにお礼もいわずに立ち去った人が、再び新たな願望を祈願しにきたとして、もう一度、後押ししようと思うでしょうか。

よく神仏や超自然の世界を人間の世界とは全く別物のように考えている人がいますが、基本は同じです。**贈り物には贈り物を、この場合は感謝を返すのです。**感謝もしないで立ち去った人に手を差し伸べることはできないのです。

願望が成就したのを「自分の実力だ」と思う人は、今度こそ本当に実力だけで勝負してみればいいのです。「自然の成り行き」だと思う人は、今度は何もせずに成り行きに任せてみればいいのです。

人は「自分の力だけでは願望を実現できない」と思ったときに、神社仏閣にお参りするのです。

妄想神社は、妄想神社をバカにした人たちを責めません。ただ二度と力を貸さなくなるだけです。

「難しい願望」だからこそ「神」の真価が発揮される

人はなにか物事を頼まれたとき、簡単な方と難しい方があれば、簡単な方を引き受けようとします。しかし神さまはそうではありません。

私は幼い頃、「天皇陛下になりたい」などとバカなことをいっていたそうですが、こうした土台、無理な願い事を別とすれば、難しい願望を積極的に引き受けてくれようとするのが神さまです。それは妄想神社に存在する神さまも同じです。

ある意味では当然です。人は元来、自分が独りで自分の力だけで実現できそうなことをわざわざ神さまに頼んだりしません。自分だけの力では難しいからこそ神さまにお願いするのです。

それも周囲から、時には「ダメな奴」とか、「要領が悪い奴」とか、「ひ弱な奴」とか、「ワガママな奴」とか、「誘惑に弱い奴」などと言われている人の願いを、神さまは叶えてくれようとします。

なぜなら、もともと周囲から尊敬されるような人、あるいは有能な人は、神さまに頼らずとも、自分の力だけで願望を実現する可能性が高いからです。

それに対して「ダメな奴」などと言われるような人の願望はそのまま放っておけば、たんに願望のまま終わってしまいます。

もし、あなたが神さまであれば、どちらの方に手を貸しますか。心やさしい神さまは「ダメな奴」の方に手を貸そうとするのです。密かに背中を押して、その危機を救って、その尻を叩いて、願望を実現するよう仕向けるのです。

そういう意味では**「ダメな奴」の難しい願望こそ、神様の真価が問われ、本領が発揮される願望**だといえます。

歴史的に見ても、たいていの神社には奇跡的な力を発揮した伝承とか、不思議な現象を伝える神話伝説があります。立派に再建された神社も沢山ありますが、それは多くの人達に感謝されるような出来事をもたらし、たくさんの寄付が集まった結果です。

もし何の役にも立たなかったなら、徐々に寂れていって、誰も寄り付かなくなるでしょう。実際、そういう神社も日本各地にあります。こんなことを言うと叱られるかもしれませんが、ある意味、パチンコ屋さんと似たようなものです。いくら通っても勝てない店には誰も行かなくなるのです。

なので何度も建て直され、そのたびに豪華絢爛になっていく神社というのは、素晴らしい応験を秘めているといえます。ですから妄想神社も、あなたの願望が実現されるたび、より壮麗な神社に修復してみるのも良いでしょう。お礼参りの一種となり、神さまも喜んでくれるはずです。

願望実現後の考え方

◆願望実現には、しばしば「変形」や「代用品」が適用されるが、小さな願望を積み重ねていけば、徐々に大きな願望も実現していく

◆願望達成時には、妄想神社に必ず「お礼」を言いに行き、次につなげよう

◆難しい願望だからこそ、神の真価が発揮される。願望が実現されるたび、より壮麗な神社に修復していこう

あとがきに代えて――夢の中の「神社」と「天狗」たち

私はときどき「神社」に関連した夢を見ます。

いつも似たような内容の不思議な夢です。何十年も前からそうでした。

私にとって夢の中での神社は、いつでも妖しく怖い存在です。ほとんどの場合、夢の中の鳥居は巨大にそびえたっていて、しかも朱色にぎらぎらと脂《あぶら》ぎって見えます。

どうしてそんなに鳥居が大きいのかというと、そこが由緒正しい神社だからです。けれども、私には怖いばかりで、何となく近づきたくない存在です。そういえばあそこの神社にはもう何年も行っていないような気がします

それなのに、私は知らず知らずのうちに神社のほうに歩いていきました。それというのも、私が歩いてきた道路から何かの行列が迫ってきていたからです。

その行列とは、天狗の面をかぶり、高下駄をはいて、白装束に身を包んだ山伏たちの行列でした。

しかも、その数はどんどん増えていくようで、別な道路からも徐々にこちらの方へと迫ってくるようです。いったい何百名の山伏達がいるのか、それぞれ別な団体なのか微妙に雰囲気が異なります。

神社の鳥居は坂道の途中にあって、その近くに私の家も引っ越したのでした。

だんだん天狗たちが近づいてくると、ますます私は怖くなって、家の中へと駆け込みました。そうして、窓を少しだけ開けて、怖い行列が通り過ぎていくのを待とうと思ったのです。

家の中には母親がいて「何をしているの？」と、不思議そうに私に問いました。

「山伏たちがやってくるんだ、見つかったら大変だよ」

恐怖心でいっぱいになっている私は、ガタガタ震えながらそう言うのがやっとでした。

母親は「じゃあ、この子をどうにかしなくてはね」と、弟を指さしました。

弟はまだ小さく、五～六歳の子供のようで、しかも病弱なのか、部屋の片隅で寝かされていました。

私はとっさに、このままだと弟が見つかってしまう、殺されてしまうかもしれない、と思いました。そうだ、弟を連れて、押し入れに隠れればよいのだ、私は弟の身体を布団ごと押し入れの中に押し込みました。そして、それを隠すようにしながら、私自身も布団を積み上げている間へと強引に身体を押し込みました。

こうしていれば見つからないかもしれない。

けれども、誰かが大きな声を出し、山伏たちがこの部屋にもやってきていることが感じられました。そして、いきなり、押し入れのふすまが開けられたのです。

もう駄目だ。私は覚悟を決めました。弟だけは何とか見つからないように……と願いました。

ところが、山伏は「いないな」と言って襖《ふすま》を閉めたのです。私の身体は発見されなかったのです。

しばらく身を潜めて、本当に出ていったことを確かめてから、部屋に戻ってみました。

もう、どこからの山伏たちのホラ貝も大きな祝詞《のりと》の合唱も聴こえません。私は「助かったんだ」と思いました。外に出てみると、多くの人たちが神社へと向かっていきました。

私も、それらの人の後についていきました。

朱色の鳥居をくぐると、大きなお屋敷がありました。そこでは何かの集会を行っているらしく、大勢の人たちが集まっていました。

私も恐る恐る入ってみたのですが、あまりにも多くの人がいて、とても中まで入れるような状態ではありません。仕方なく戻ろうとすると、自分が履《は》いてきた靴が見当たりません。

おびただしい靴が玄関に脱ぎ捨てられて足の踏み場もないほどです。私は裸足《はだし》のまま家に帰ろうとしました。すると、そのお屋敷で働いているらしい人が、こちらへいらっしゃい、と手招きしました。そこで、私にご馳走をふるまってくれるというのです。

奥の部屋に案内されると、そこには壁に大きく真っ赤な天狗の面が掛けられていました。

私は、大丈夫だろうか、と不安になりました。すると、そこに男性たちが何人も入ってきたのです。私は自分が捕らえられるのではないか、と思いました。けれども、男性たちは私には興味がないらしく、それぞれ楽しそうに笑いながら酒を酌み交わしあっていました。私はご馳走が出てこないので、もう帰ろうと思いました。

部屋を出るときに、男性たちに何か言われるのではないか、と思ったのですが、周りの男性たちは全く無関心でした。奇妙なことに、玄関に出ると自分の靴がそろえられていました。

自宅に戻ると、先ほどのお屋敷で働いているらしい女性が、待っていましたよ、とニコニコして言うのです。そうして、たくさんのご馳走が並べられていました。

その時、母親が傍《かたわ》らでしくしく泣いているではありませんか。

「どうしたの？　何かあったの？」と問いただしても母親は泣くばかりです。

私は自分が何かいけないことをしたような気がしました。母親は顔を上げると「あの子が亡くなった」と私に泣き崩れました。「あの子」というのは、弟に違いありません。

その時、私は天啓のように閃《ひらめ》いたのです。そうだ、私は弟の身体を押し入れの中に押し込めたのだ。まだ小さい弟は、一人では動けない。あの布団の奥で窒息死したのに違いない。

どうしよう。どうすればよいのだろう。

「僕が悪かったんだ」「何を言っているの？」「僕が殺したんだ」

この部屋にいてはいけないような気がしました。そして、急いで二階に上がると押し入れを開けました。そこには弟だけでなく何人もの子供たちがいました。みんな楽しそうにカード遊びをしていました。「大丈夫だった？」と弟に声をかけると、下を向いていた弟がこちらに顔を向けました。

そこには真っ赤な天狗の鬼のような形相があったのです。

この種の、わけのわからない夢を何度も見るのです。

何十年も見続けています。内容は微妙に異なるのですが、山伏がやってくる、天狗から逃げようとする、神社に行っても中には入れない、誰かが死んでいる、天狗の形相が追いかけてくる……といったような展開はほぼ同様と言ってもよいでしょう。

正直、どういうことを表しているのか、私にはわかりません。

ただ、この夢を見た後には、なぜか必ず「良いこと」が起こります。

だから「怖い夢」なのですが、きっと何か、良いことを知らせたいときに、見る夢のパターンなのかもしれません。

私にとっての妄想神社は、この夢の中の神社なのかもしれません。

そうして怖いのに、そこに向かうことで何かが得られるシステムのようです。

皆さんにとっても、この本が不思議な役割を果たして、素晴らしい出来事を何回も運んできてくれることを願っています。

【巻末付録】妄想神社参拝・絵コンテ

詳しい妄想神社参拝の手順は第四章に記しましたが、具体的な映像イメージがあったほうが取り組みやすいと思いますので、巻末付録として絵コンテにしたものを紹介します。

なお、聴覚や触覚、嗅覚などの刺激の要素をイメージングに取り込むと、イメージがさらに豊かになりますので、参考にしてください。

①

目をつむってすぐに…

【映像】

見上げた雲一つない青空。

【聴覚刺激】

ヒバリの「ピーチュルピーチュル」という鳴き声が聞こえてくる（心を落ち着かせる効果）。

②

【俯瞰映像】
青空から視線を落とせば、小高い丘に自分が座っている。丘につながる一本の田舎道が伸び、その先に、赤い鳥居。赤い鳥居の向こうには鬱蒼と茂った参道（ここに妄想神社の本殿がある）。
【嗅覚刺激】
草の匂い。

③

【想像】

丹田呼吸の開始。

【聴覚刺激】

トンビの「ピーヒョロロ」という鳴き声。

【映像】

視線をやや上に上げ、やや雲のかかった青空を眺めながら呼吸を繰り返す。

④

【想像】

落ち着いたところで、願望のイメージング（例として、想いを寄せている人との結婚式のシーン）。

【聴覚・嗅覚刺激】

イメージング内容に準ずる（結婚式のがやがやした音風景。料理の匂い）。

【映像】

願望のイメージング。

⑤

【想像】
イメージが眼前に広がっているのを、徐々に両手で小さくしていき、胸の前で野球のボール並みの大きさになった願望イメージを、ゆっくりと自分の下丹田におさめていく。
【それに伴う感情】
喜びや満足感。

⑥

【想像】
立ち上がり、丘をゆっくりおりて、まっすぐ一本の田舎道を歩み始める。
【映像】
一本の田舎道。鳥居はまだ遠くのほうに見える。

⑦

【映像】
道の右側に沿って、澄んだ小川がチョロチョロ流れ、おたまじゃくしが泳いでいる風景。それ以外は稲穂がさざめく田んぼしか見えない（若干の季節のズレは無視）。
【聴覚刺激】
小川の水がチョロチョロ流れる音。

⑧

【想像】
歩みを続けると、前方に朱の鳥居が見えてくる。
【映像】
やや前方に見える朱の鳥居。その向こうに鬱蒼とした杉並木。

⑨

【想像】
鳥居の前で軽く一礼。
【映像】
まだ前方はぼやけた感じにしか見えない。鳥居をくぐった先は、神秘的なパワースポットであることを感じさせる雰囲気。

⑩

【想像】
視線を上に上げ、鳥居を仰ぎ見ながらくぐる。
【映像】
仰ぎ見ながらくぐっていく、一連の鳥居の映像。

⑪
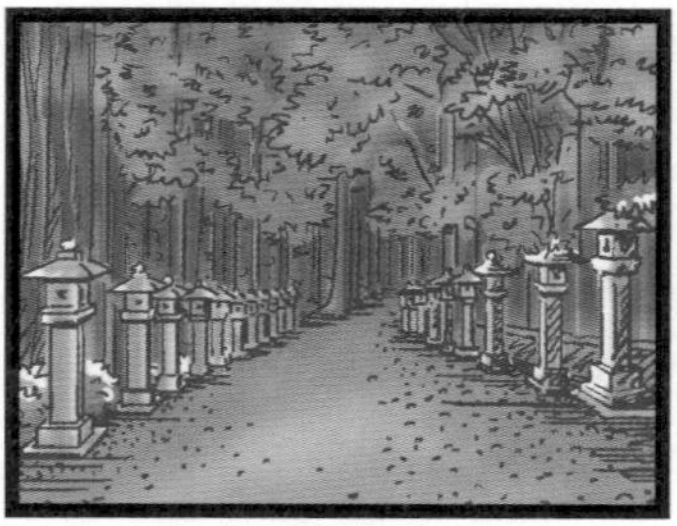

【想像】
参道の右端に寄りながら、歩を進める。
【聴覚刺激】
踏みしめる玉砂利の音。
【映像】
参道の向こうは、ぼやけた感じにしか見えない。

⑫
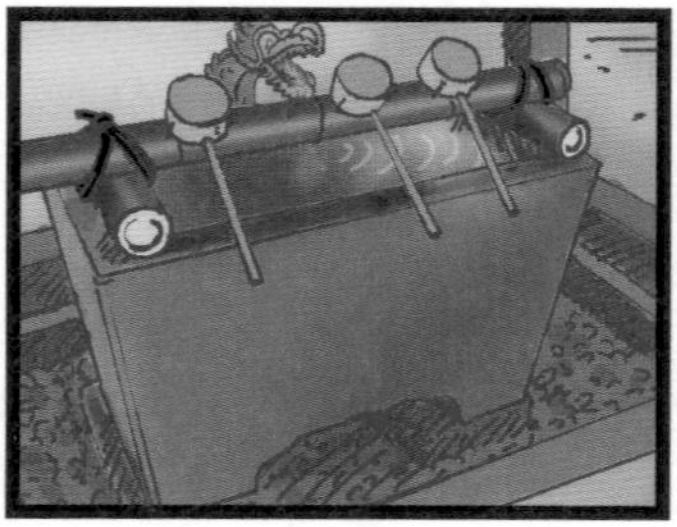

【想像】
右手に手水舎が見えてくる。
【映像】
手水舎。

⑬

【想像】

手水舎で身を清める一連の動作。

【聴覚刺激】

ひんやりとした清水が心地よく感じられる。

【映像】

自らの手水の一連の動作。

⑭

【想像】

手水を終え、手水舎から振り向いて参道側を見る。

【映像】

鳥居から迎え入れられた太陽光の筋が塵に反射して、本殿に向かって一直線に伸びている。

【聴覚刺激】

かすかに聴こえる笙の音。

⑮

【想像】
光の筋が少しづつ本殿に伸びていく神秘的な風景をイメージ。
【映像】
光の筋は、本殿の神鏡に到達して鮮やかに反射。

⑯

【想像】
参道をさらに進み、本殿に到着。
【映像】
簡素な本殿、雲形台に乗っかった丸鏡、手前に賽銭箱。

⑰

【想像】
やや上方を見上げ、そこに鈴があるのを確認。
【映像】
鈴と賽銭箱。

⑱

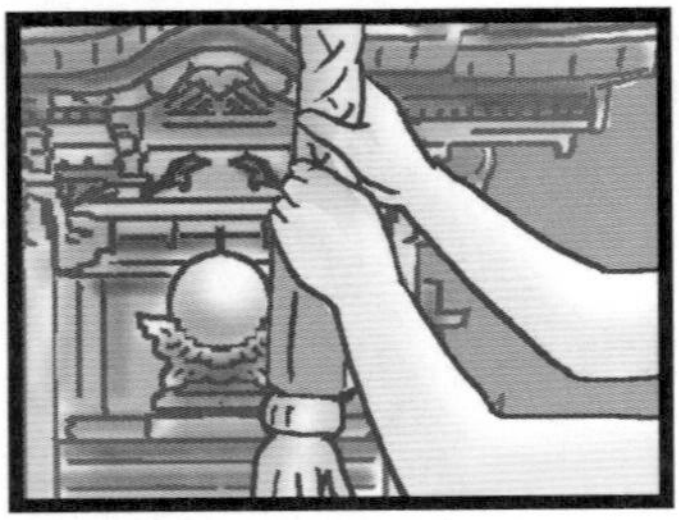

【想像】
両手でしっかり持って鈴祓をする。
【聴覚刺激】
鈴の音。
【映像】
鈴と賽銭箱。神鏡。

⑲

【想像】
軽く一礼して正面に向き直った後、下丹田に貯蔵しておいた願望イメージをゆっくり体外に取り出す。
【映像】
願望イメージをゆっくり両手で体外に取り出す一連の動作。

⑳

【想像】
願望イメージを両手で持って、賽銭箱にゆっくり押しこんでいく。
【映像】
願望イメージは、もあっとした綿飴のイメージなので、賽銭箱の格子桟をすーっと通り抜けてゆく。

㉑

【想像】
深く二礼・二拍手。
【聴覚刺激】
響いて反響する柏手。
【映像】
二礼・二拍手の一連の動作。

㉒

【想像】
願掛けをする（心の声を響かせ、神様にも聞いてもらう）。
【映像】
願掛けの内容をイメージした映像。

㉓

【想像】
願掛けが終わった後、深く一礼し、参拝を終える。
【映像】
一礼の動作。

㉔

【想像】
左手にある絵馬掛けに向かう。
【映像】
何も描かれていない絵馬がたくさん掛けられている絵馬掛け。
【聴覚刺激】
踏みしめる玉砂利の音。

㉕

【想像】
一番左端の絵馬を手に取る。
【映像】
何も描かれていない絵馬。

㉖

【想像】
横書きで具体的な願望を文章にして記し、最後に自らの名前を入れる。
【映像】
さらさらと自分の手で文字が書かれていく映像。

㉗

【想像】
書き終わった絵馬を奉納。
【映像】
一番左端の同じ位置に、自分の書いた絵馬を掛け直す。

㉘

【想像】
もういちど本殿にもどり、神鏡を覗く。
【映像】
燦然と輝く光の向こうに、何かが見えてくる。想いを寄せる人との結婚式の二人が祝福される姿がおぼろげに…。

㉙

【想像】
神鏡に深々と一礼。振り返り参道を帰り始める。
【聴覚刺激】
踏みしめる玉砂利の音。
【映像】
一連の動作。

㉚

【想像】
参道の右端を歩きながら引き返し、鳥居をくぐり、軽く一礼。
【映像】
一連の動作。
【聴覚刺激】
鳥居をくぐったところで、ヒバリの鳴き声。

㉛

【想像】
田舎道を戻る。
【映像】
一連の動作。
【聴覚刺激】
「ピーヒョロロ」というトンビの鳴き声。小川がチョロチョロ流れる音。

㉜

【想像】
小高い丘に戻り、胡坐をかく。
【映像】
一連の動作。

■著者略歴

波木星龍（なみき　せいりゅう）

北海道・室蘭市生まれ。現在・札幌市在住。

手相家。占星家。占術研究家。古代文明研究家。「正統占い教室」主宰。

事業に失敗し北海道に逃れた父と、病身の母との間に生まれ、雨漏りする家で幼少期を過ごす。幼くして「人間の運命」に興味を抱き、10歳にして占い師になることを決意。母親の不慮の死を転機として実占をはじめて43年。主宰する「正統占い教室」からは異色・鬼才の占い師を多数輩出している。西洋占星学の携帯コンテンツ「前世からの約束」では、無料相談への本格的で丁重な回答に注目が集まる。ライブドア・ブログ「この一言で救われる」では、ほぼ毎日のように占いの新たな情報を発信している。公式HP「波木星龍」の「今日の迷言・余言・禁言」も好評。

著書に『江戸JAPAN極秘手相術』、『実際手相鑑定密義』『四柱推命の謎と真実』『「結婚」占星学の奥義』『全身観相術の神秘』（以上、八幡書店刊）、『占星学秘密教本』、『心易占い開運秘法』、『波木流風水・幸運の法則』、『古代エジプト守護神占星術』など多数。

あなたの未来を書きかえる究極の裏ワザ!!
こっそり妄想神社にお参りしなさい
お金・恋愛・幸せ・成功を引き寄せる
2024年5月22日　初版発行

著者
波木星龍

装幀・組版
RUHIA

イラスト
エダりつこ

発行所　今日の話題社
東京都品川区平塚2-1-16 KKビル5F
電話　03-3782-5231

印刷　平文社
製本　難波製本

ISBN978-4-87565-665-4 C0030 ¥1800E